平凡社新書
837

孫文と陳独秀

現代中国への二つの道

横山宏章
YOKOYAMA HIROAKI

HEIBONSHA

孫文と陳独秀●目次

第七章　広東軍政府の建設とコミンテルンの支援

はじめに

中華民国史を飾った孫文《そんぶん》と陳独秀《ちんどくしゅう》は、ともに個性的ではあるが対照的な道を歩んだ。孫文は国の病（異民族王朝支配、軍閥支配）を治そうとした。そのため武力で天下を統一し、強固な政権の樹立を目指した。陳独秀は民の病（人権、自由や自立なき個性の喪失）を治療、救済しようとした。近代国家建設には、まずは国民の意識変革が必要であると考え、自覚した国民形成による民主国家建設を目指した。

孫文は清朝末期から異民族王朝である清朝打倒を目指した革命結社「興中会《こうちゅうかい》」「同盟会」を立ち上げ、叛乱軍を組織して体制変革の革命運動を展開した。辛亥《しんがい》革命による中華民国の誕生で清朝打倒の目的を達成することとなった。いったん反清《しん》革命結社を解党し、共和体制に相応《ふさわ》しい議会政党「国民党」を組織した。しかし権力を禅譲したはずの袁世凱《えんせいがい》政権と対立し、辛亥革命に次ぐ「第二革命」という名の武装叛乱を起こしたが失敗した。亡命先の日本で、袁世凱が進めようとしていた帝制復活に対抗するため、再び革命結社である「中華革命党」を結成した。

その後、袁世凱が死去したにもかかわらず、引き続いて北洋軍閥政治が中国を支配した。このため、孫文思想による「三民主義（民族・民権・民生）」国家の建設に向けて、「国民革命」を掲げる「中国国民党」を立ち上げた。しかし最後まで執着したのは軍事的政権奪取の「北伐出師《ほくばつしゅつし》」であった。南方の革命拠点から北方への討伐軍出兵（北伐）であった。夢は実現しなかったが、最期は「未完の革命」成就を後継に託しながら、「中国国民党総理」として死去した。まさに政治・軍事一辺倒の世界に生きた生涯であった。

政治家としての孫文は、中華民国南京臨時政府の「臨時大総統」に選ばれたが、三カ月ももたずに政権を袁世凱に譲った。短命な中央政権しか維持できず、いわば「失敗の英雄」である。しかし広東省広州に三度にわたって地方政権である「広東軍政府」を樹立し、陸海軍大元帥として権力をふるった。失敗を繰り返しながらも、権力志向は強かったのであろう。よくいえば、七転八起の不屈の闘志をもった革命家。悪くいえば、失敗だらけでも世渡りの上手な現実主義者。

この紆余曲折《うよきょくせつ》した政治変革の道において、孫文革命の特徴的なことは、さまざまな勢力と手を結び、自己の力のなさを補ったことである。外国勢力でいえば、イギリスの香港総督、日本の政治家、軍部に画策し、図々しくも資金援助、軍事援助を期待した。最後はコミンテルン、ソ連と同盟を結んだ。国内においても、「三民主義」とは無縁な伝統的な秘密結社である会党の軍事力に依存して辺境革命蜂起を繰り返した。極めつきは、軍閥打倒の看板を掲げながらも、北京政治を牛耳《ぎゅうじ》る軍閥に対抗するため、別の軍閥と提携したことだ。「軍閥を以て軍閥を打倒する」という戦略である。生涯、革命に奔走した孫文であるが、明らかに外部依存型政治であった。ただし、力のある既存の勢力に依存はしたものの、民衆に依存することはなかった。

他方、陳独秀は言論活動、思想革命運動を通して、中国の近代化、民主化、あるいは国民意識の向上を訴えた。二十四歳の若さで口語雑誌『安徽《あんき》俗話報』を出版し、列強侵略に「亡国の危機」を見出した。また個人の人格を蔑《ないがし》ろにしてきた中国の伝統的慣習に苦しめられる人びとの覚醒を訴えた。訴える先は虐《しいた》げられてきた民衆であった。だから学のない民衆も読みやすいようにと、口語（俗話、白話《はくわ》ともいう）で書かれた雑誌を出版したのである。

辛亥革命の勃発で、陳独秀はふるさと安徽・安慶に樹立された安徽都督府秘書長として政治改革に参加したものの、孫文たちが仕掛けた無謀な第二革命の失敗によって、再び言論の世界に舞い戻った。辛亥革命にもかかわらず、軍閥政治による暗黒の世界は変わらなかった。閉塞的な漆黒の闇を突き破るため、一九一五年に啓蒙雑誌『新青年』（最初は『青年雑誌』）を発刊して、「個性の解放」を唱える「新文化運動」を発動した。人が変わらなければ国はよくならない、という信念から、政治革命に先行する思想革命（意識革命）、文学革命を訴えた。軍事闘争に賭けた政治革命に固執する孫文との大きな違いであった。陳独秀の思想革命、西欧民主主義思想の導入は、特に閉塞感に苦しむ中国知識青年からの圧倒的な支持を得て、「新文化運動」と呼ばれる思想運動にまで成長した。

だが一九二〇年代に入ると、文化や思想の力だけでは、現実の世界を変えることはできないと痛感し、マルクス主義者となって「中国共産党」を結成した。旧《ふる》い革命手法に固執する既存の孫文国民党と、「どちらが真の革命党であるか」と、革命運動の正統性を競わんとした。ところがコミンテルンの圧力のもとで、競うどころか、なんと「国共合作」（国民党と共産党との合作）が実現し、別々の道を歩んできた孫文と陳独秀が合流した。

本書は「中国国民党総理の孫文」と「中国共産党総書記の陳独秀」という二人をとりあげて、比較しながらその対立的遍歴を議論しようとするものである。波乱万丈な二人の歩みを紹介しながら、一九一一年の辛亥革命によってアジア最初の共和国が誕生した中華民国創生期前後の中国近代史の課題を明らかにしたい。その課題は現代中国にもつながっている。

孫文は長い皇帝専制の王朝体制を終焉させ、アジア最初の共和国を樹立した中国近代における最大の功労者として英雄視されてきた。だがその中華民国は、現在の中華人民共和国も含めて、人民の政治参加を拒んできた「党国体制」（党が国家を支配する）を築き上げ、民主主義（民権主義）を標榜《ひょうぼう》しながらも、民主主義に逆行する一党独裁体制を確立している。「賢明な党」が上から「愚かな人民」を救済するという「善政」論理である。孫文が唱えた「以党治国」（党を以て国を治める）論が、現在の共産党の一党支配をも正当化するからである。

陳独秀は中国共産党を創設した「功労者」であるが、「党国体制」を皇帝専制に代わる「党皇帝」専制であると批判し、国家や政治体制の変革に先立つ「個性の解放」、「人民の政治的自覚」を優先した。孫文と違って、自由で自立した人民が下から支える国家造りを主張した。

私の研究対象は広くいえば中華民国政治史であるが、さらに細かくいえばその政治史を刻んできた孫文や陳独秀の人物研究である。

これまで、中華民国政治史としては、次の二冊を上梓している。

『中華民国史――専制と民主の相剋』（三一書房、一九九六年）

『中華民国――賢人支配の善政主義』（中公新書、一九九七年）

そして孫文と陳独秀の人物研究では、次の二冊を世に問うてきた。

『素顔の孫文――国父になった大ぼら吹き』（岩波書店、二〇一四年）

『陳独秀の時代――「個性の解放」をめざして』（慶應義塾大学出版会、二〇〇九年）

この四冊をベースに、孫文vs.陳独秀のドラマを描き出したい（この他、拙著として次の著書、論文も活用した。『孫中山の革命と政治指導』（研文出版、一九八三年）、『中国砲艦「中山艦」の生涯』（汲古書院、二〇〇二年）、「コミンテルンからの使者――マーリンと国共合作」『中国の政治危機と伝統的支配』（研文出版、一九九六年））。ただし、この対決ラウンドでは、私は公平な審判委員になれない。個人的には陳独秀側に思いを寄せ、孫文側には厳しい眼差しを注いでいるからだ。

中国では政治家へのレッテル貼りが好きだ。孫文のレッテルは、国民党時代には「国父」と讃えられ、国民党を倒した共産党の歴史観でも愛国者として称讃されつづけた「偉大な孫中山先生」である。孫文礼讃一辺倒である。その傾向は、日本での孫文研究にも当てはまる。それに対して、陳独秀に貼られたレッテルといえば、共産党の創設者でありながら「裏切り者」と糾弾されてきた「叛逆者陳独秀」という評価だ。トロツキストとなってソ連共産党や中国共産党を蝕《むしば》んできたスターリン主義の弊害を批判したからである。陳独秀が残した高い業績に比べれば、あまりにも不当な評価である。何とも不憫《ふびん》である。でも旧友胡適《こてき》が指摘するように、陳独秀は「生涯、反対派」であったから、不当な権力に反対しつづけた陳独秀にはむしろ名誉あるレッテルなのかもしれない。

伝統中国を長く支えてきた王朝時代の皇帝専制に対しては、二人ともデモクラシーの観点から批判し、孫文は早くから民国＝共和国の樹立を目指すと宣言してきた。陳独秀は清朝打倒だけでなく、皇帝専制を支えてきたイデオロギーである儒教秩序（三綱五常）によって、いかに一人ひとりの人間性が侵されてきたかを批判し、ヒューマニズムの観点から、自由で人間性豊かな未来を展望しようとした。

陳独秀は典型的な西欧啓蒙主義者であり、全面的な欧化論者であった。西欧流の自立した個人があって、その自覚した国民が国家を支えてこそ、その国家ははじめて民主国家として機能すると考えた。単に、制度的に国家を共和制に換えたとしても、それを支える国民の意識が旧態依然としているならば、専制国家へ逆戻りするに決まっている。だからまずは中国人の思想革命が、国家の政治革命に先行すべきだと考えた。

それに対して孫文は民権主義を掲げたが、その政治的手法は中国的伝統主義であった。理想である立憲国家の建設は当分棚上げにして、強権的政権の樹立を優先した。強力な政権があってはじめて強力な国家が誕生するという考えであった。「王道政治」の理念を掲げながら、その過渡期は「覇道政治」を貫くという論理である。そこにあるのは議会の縛りもない、すなわち大衆の政治参加を排除した賢人の独裁的権力の出現であった。その大義は「大衆のための賢人政権」であって、革命軍独裁の「軍政府」、革命党独裁の「訓政府」が打ちたてられる。目標としての民権、憲政がお題目として掲げられるが、実際の革命政権は憲法もなく、国会もない独裁体制である。それには、中国の一般大衆は愚民であり、彼らに政治参加させることは衆愚政治に陥る危険があるという典型的な愚民観があったからである。

選挙によって大統領（プレジデントの中国語訳は大総統）や議員を選出するという意味での政治への大衆参加は、圧倒的多くが愚民である中国では「大衆のための政治」とはならず、逆効果をもたらすだけだと見なす。むしろ「大衆のための政治」を実現できるのは、大衆の意思を代行する有能な賢人の政治体制を確立することである。そこには、大衆を支配する「悪い独裁」と、大衆を救済する「よい独裁」があって、孫文は「よい独裁」を希求した、ということになる。あるいは「愚かな民主」より、「賢明な独裁」の方が大衆を救うという、開発独裁的志向があったのである。
陳独秀のように、思想革命によって覚醒した大衆の英知を信頼するのか。それとも孫文のいうように、大衆はそもそも信頼できない存在なのか。西欧デモクラシーの中国導入を目指す欧化論者と、愚者を統率する賢者の支配を貫徹させようとする伝統主義者。軍閥混戦で民主的地盤が固まっていない共和国での二人の政治的確執であった。

二人の対照表を作成してみた。次のとおりである。

	孫文	陳独秀
生年 没年	一八六六（同治五）年十一月 一九二五（民国一四）年三月　五十八歳	一八七九（光緒五）年十月　十三歳年少 一九四二（民国三一）年五月　六十二歳
生誕地	広東省香山県（現・中山市）	安徽省懐寧県（現・安慶市）
字・号	逸仙　中山	仲甫　実庵
英文名	Dr. Sun Yat-sen（孫逸仙博士）	Ch'en Tu-hsiu（現在 Chen Duxiu）
日本滞在	一八九五年十一月〜一九〇七年三月 　この間、革命指導などで十数回出入り 一九〇九年六月 一九一三年八月〜一九一六年四月	一九〇一年十月〜一九〇二年三月 一九〇二年九月〜一九〇三年三月 一九〇六年夏 一九〇七年春〜一九〇八年秋

	日本滞在延べ十余年	一九〇八年年末～一九〇九年九月 一九一四年七月～一九一五年六月 六回、合計延べ四年強
日本滞在中の交流者	（日本人）宮崎滔天、北一輝、池亨吉、内田良平、萱野長知、金子克己、頭山満、梅屋庄吉、犬養毅、桂太郎…… （中国人）無数にのぼるので省略	（中国人）章士釗、章炳麟、鄒容、蘇曼殊、劉師培、張継（特に親しかったのは章士釗、蘇曼殊） 孫文、汪精衛、胡漢民ら広東系、および上表の日本人との交流はなし
組織した結社・政党	一八九四年　興中会 一九〇五年　中国同盟会（東京で結成） 一九一二年　国民党 一九一四年　中華革命党（東京で結成） 一九一九年　中国国民党	一九〇三年　安徽愛国会 一九〇五年　岳王会 一九二一年　中国共産党 一九三一年　中国共産党左派反対派 一九三五年　中国共産主義同盟
武装蜂起	十次起義（一八九五年広州起義、一九〇〇年恵州起義～一九一一年黄花崗起義） 一九一三年　第二革命	
行政職	一九一二年　中華民国臨時大総統 一九一七年　広州護法政府大元帥	一九一一年　安徽都督府秘書長 一九一七年　北京大学文科学長

	一九二〇、二三年　広東軍政府大元帥	一九二〇年　広東省教育委員会委員長
発刊雑誌	一九〇五年『民報』 一九一九年『建設雑誌』	一九〇四年『安徽俗話報』 一九一五年『青年雑誌』後に『新青年』 一九一八年『毎周評論』 一九二二年『嚮導周報』（共産党機関誌）
思想運動		新文化運動（思想革命と文学革命）
政治思想	「四綱」（駆除韃虜・恢復中華・建立民国・平均地権） 「三民主義」（民族・民権・民生） 「孫文学説」（賢人指導の愚民観） 「三大政策」（連ソ・容共・扶助労農）	西欧啓蒙民主思想（「デモクラシーとサイエンス」） マルクス主義 トロツキー主義
初対面	一九二〇年三月　上海	
国共合作	一九二三年　孫文・ヨッフェ連合宣言 一九二四年　国共合作の国民党一全大会	一九二二年の杭州西湖会議で共産党員の国民党入党（二重党籍）を容認
尊称	「国父」（国民政府）	「五四の総司令」（毛沢東）

中国における孫文研究は数知れない。ところが、陳独秀研究となればわずかだ。学術研究書としては、次の二冊の大著に代表される。

任建樹《にんけんじゅ》『陳独秀大伝』（上海人民出版社、一九九九年）

唐宝林《とうほうりん》『陳独秀全伝』（香港・中文大学出版社、二〇一一年）

任建樹は上海社会科学院歴史研究所研究員であり、唐宝林は中国社会科学院近代史研究所研究員である。任建樹研究員は、私が一九八一年に上海社会科学院で陳独秀研究に従事した時に指導を受けた恩師である。いっぽう唐宝林研究員は、一九九〇年に北京大学で民国研究に従事していた時、北京の近代史研究所をたびたび訪れ、親しく陳独秀に対する見解を披露しあった仲間である。本書を書くにあたって、二人の著書に大きく影響を受けている。

孫文研究リストについては、拙著『素顔の孫文』（岩波書店）の巻末に紹介しているので、参照いただきたい。近作としては、深町英夫『孫文――近代化の岐路』（岩波新書、二〇一六年）が出版された。孫文の幅広い華僑ネットワークの形成と、その世界を飛び回る孫文を「漂泊の預言者」として描き出している。ぜひ一読を薦める。

孫文の愚民史観については、拙著『中国の愚民主義――「賢人支配」の一〇〇年』（平凡社新書、二〇一四年）で検証している。

第一章　甲午の役（日清戦争）と庚子の役（義和団）

一八九四〜九五年の「甲午《こうご》の役」（日清戦争）が、実質的に孫文の革命運動のエンジンに火をつけた。

また一九〇〇年の「庚子《こうし》の役」（義和団の乱と八カ国連合軍）が、陳独秀に火をつけた。

日清戦争と孫文の「興中会」立ち上げ

甲午の役（甲午戦争）とは、日本でいう日清戦争のことである。今の中国では中日戦争とも表現する。現代中国の歴史観では、日清戦争は中国に対する侵略戦争の一環であると認識されている。だが当時の孫文は、そのようには理解していなかった。日本が清国を破ることは、中国における清朝打倒の革命運動にとっては吉兆であった。

甲午戦争が起こった。好機到来と考えた私はハワイ、アメリカに渡り、興中会を創立して海外の華僑を糾合し、応援を求めることとした。

（『孫文学説』）

孫文にとって、何が「好機到来」なのか。孫文は、日本の中国侵攻に危機感を抱くのではなく、中国の支配民族である満州族王朝が日本に敗北して弱体化するのであれば、清朝打倒の革命運動には好機であると認識したからである。傷ついた清朝は、その支配が弛緩する。その間隙をぬって反清蜂起に立ち上がれば、成功する可能性が高くなるに違いない。孫文はこのように日清戦争を捉えた。日本軍が漢民族に代わって清朝支配に鉄槌を下したということだ。

だから、日清戦争の敗北を歓迎した。次のような記述は、その心境を明らかにしている。

傑出した者には、清朝軍隊の敗戦を喜ぶ者が多い。先年の日清戦争の際、旅順が既に陥落し、奉天も防衛しきれぬと聞き、僻遠の地の長老が躍り上がって喜ぶのを、私は自分の目で見た。その理由を尋ねると、「わが漢人は、二百年余りも夷狄《いてき》王朝に苦しめられ、一度も恥を雪《すす》ぐことができなかった。現在、日本が我われのために大規模な征討の軍を起こし、［満州族の］居場所を一掃してくれるので、この老いぼれも安心して死ねる」と答えた。支那人の愛国の心や忠義の気は本来、別のところにあるのだ。（「支那の保全・分割について合わせて論ず」）

日清戦争における日本軍派兵は「夷狄王朝への征討」であると見なす。長老の言葉であるが、実はそれを紹介した孫文自身の心境であったろう。

日清戦争期の一八九四年にはハワイではじめて興中会を発足させ、次いで九五年、香港に戻って改めて興中会を組織した。その「章程」で次のように宣言している。

今や強力な隣国が取り囲み、虎や鷹のような目つきで、わが中華の豊富な鉱物・物産を久しく狙っており、徐々に併呑しようと相次いで押し寄せてくるので、瓜分《かぶん》の危機が目前に迫っている。ああ危機であることよ。

これを見るかぎり、帝国主義列強の侵略によって中国の統一が侵食され、分割支配される「瓜分の危機」を憂いているように映る。だが孫文の憂いは、帝国主義列強の侵略よりも、満州族の支配によって、漢族が「異民族の奴隷」になっていることである。清朝打倒が列強排斥よりも優先順位は上であった。だから興中会の入会誓詞には次のように記された。

駆除韃虜、恢復中国、創立合衆政府

韃虜《だつりょ》とは満州族への蔑称である。「満州族を駆除し、中国を回復し、合衆政府（共和政府）を樹立しよう」、ということである。その後、「四綱」として次のように整備された。

①駆除韃虜、②恢復中華、③建立民国、④平均地権

ここからも明らかなように、「瓜分の危機」を心配しながらも、何よりも「駆除韃虜」が第一目標であることを物語っている。どこにも、欧米列強や日本の「外夷」を「駆除」し、「攘外」「攘夷」しようという言葉は見当たらない。後に満州事変から始まる抗日戦争時期、蔣介石《しょうかいせき》が主張した「先に安内、後に攘外」戦略（まず共産党の殲滅、国民党内部の反蔣グループ討伐に力を注ぎ、反対派がいなくなって国内が安定、統一した後、国力をためて侵略した日本軍と対峙する）は、日本軍の侵略に対する抗戦を後回しにしたと非難されてきたが、孫文も「先に清朝打倒の安内、後に帝国主義打倒の攘外」であった。頭のなかは清朝打倒

だけでいっぱいであった。

「反清復明」の秘密結社

孫文には、せっかちな性分があった。反清秘密結社である興中会を立ち上げたら、即座に反清蜂起の実行に着手した。一八九五年、広州で清朝打倒を唱える軍事蜂起を実行した（広州起義）。孫文は英語ではDr. Sun Yat-senと表示されるように、もともと医師であった。医師というインテリに革命結社による叛乱軍を組織できたのであろうか。

初期の同志である陳少白《ちんしょうはく》は回想記録「興中会革命史要」で、次のように広州起義を語っている。

　孫先生は広東地方に人を派遣し、「緑林」営勇と連絡を取った。たとえば鄭金部下の安勇、広東北江の緑林、場外三元里の有名な郷団、香山順徳の緑林などで、これらすべては、我われが起義にあたって準備した基本部隊であった。

緑林とか郷団とか、聞きなれない名称が出る。緑林とは、在郷の窮民を集めた無頼の武装集団である。いわばアウトローを中心とした私兵集団である。ここに、崇高な「反清復明」の伝統精神が脈々と受け継がれていたという。

さかのぼること二百五十年以上も前の一六四四年、満州族が明朝を完全に消滅させて、いわゆる少数の満州族が多数の漢族を支配することとなった。明の遺臣・鄭成功《ていせいこう》らは明朝復興の抗戦を展開したが、「復明」はかなわなかった。しかし、「反清復明」の民族悲願は、下層社会のなかに受け継がれ、秘密結社である会党が、たびたび清朝打倒の叛乱を起こしていた。会党はさまざまな名称で呼ばれていたが、天地会、洪門会、三合会、哥老会《かろうかい》などの名が世に知られている。孫文は次のように会党革命の重要性を説明している。

士大夫は功名利禄にうつつをぬかし、「反清復明」の思想は下流社会の組織である三合会の中に宿っているだけであった。時代がたって、その内容はほとんど形骸化していたが、「上流社会の」紳士に較べれば受け入れやすかった。だからまず私は会党と連絡することから手をつけたのである。

（「中国革命史」）

孫文と会党を結びつけたのは、洪門会の頭目「龍頭大爺《りゅうとうだいや》」であった鄭士良《ていしりょう》であった。広州の医学院で一緒に学んだ仲間であった。孫文にこう語ったという。

自分はかねてより会党に加わっているが、他日、起義を起こす時には、会党を総動員し、私［孫文］の指揮のもとに馳せ参じよう。（「孫文学説」）

こうして、「十次起義」といわれる孫文の辺境蜂起では、主力軍は緑林を中心とする古めかしい会党軍であった。清末、多くの軍人が日本へ留学し、日本の士官学校で近代軍事を学んだ。帰国すると、革命派軍人として反清闘争に参加したが、孫文の革命運動には、こうした近代軍人はほとんどいなかった。

最初の革命蜂起である「広州起義」では、緑林の会党軍を動員すると同時に、香港の日本領事館にも支援を依頼していた。香港領事は原敬《はらたかし》に送った手紙に、孫文の愚かさを強調している。

孫名文等の両広［広東と広西］を独立せしめて共和国となすと云ふが如きは、空中楼閣たるにすぎず候《そうろう》。

広州起義の目的は、北方の清朝から南方の両広を独立させ、共和国を樹立しようということで、日本の協力を得ようとしたのであろう。北方は日清戦争で混乱し、その隙をつく作戦であった。

だが事前に計画が漏れて、起義は失敗に終わった。孫文や陳少白、鄭士良らは日本へ亡命した。これから長い日本亡命生活が始まった。とはいっても、孫文は席を温める間もなく、日本をベースキャンプに、革命資金を求めて華僑が多い南洋諸国に飛び回るだけでなく、イギリス、アメリカ、ハワイなどを駆け巡った。幸いなことに、日本では多くの日本人と知り合いとなった。多くは玄洋社《げんようしゃ》などとつながりを持つ連中であったが、宮崎滔天《とうてん》、平山周《しゅう》、内田良平、北一輝《いっき》など、名を挙げるときりがないほどだ。

「南清独立計画」と日本への協力要請

二度目の蜂起は、同じように一九〇〇年の義和団運動と、その鎮圧に乗り出した八カ国連合軍の中国進軍の混乱を利用し、両広を独立させようというものであった。いわゆる恵州起義であるが、五年前の広州起義に比べれば、少しは周到な計画であった。

中国では、一八九九年から一九〇〇年にかけて、欧米列強排斥の義和団運動が席巻した。山東省から始まったが、白蓮教系宗教結社であった義和団は、外国人排斥を謳《うた》って勢力を拡大した。そして「扶清滅洋」を掲げて、西洋世界の文化や物質文明を排斥した。軍事的にも擡頭し、北京東交民巷の公使館街を軍事占拠するほどになり、多くの外国人が孤立した。清朝政府は、義和団に託《かこつ》けて外国に宣戦布告した。「義和団の乱」、「庚子事変」などと呼ばれた。

そこで、日本軍とロシア軍を中心に、イギリス、アメリカ、フランス、ドイツ、オーストリア＝ハンガリー、イタリアの八カ国が連合軍を組織して、義和団を撲滅させた。外国へ宣戦布告した西太后らは西安《せいあん》へ逃げ去った。まさに北方は大混乱していた。この連合軍の派遣という北方の混乱を、日本では「北清事変」と呼んだ。

孫文は北方で義和団の乱が渦巻いている機会を利用して、混乱につけ込んで南方で蜂起しようと、一九〇〇年に恵州起義を実行した。そのために、日本への協力を要請した。日本では、「南清独立計画」といわれるものである。清朝打倒が最優先課題である孫文にとって、清朝に深傷《ふかで》を負わせる日清戦争や八カ国連合軍の侵攻は、侵略戦争というよりは、反清革命にとっては頼もしい味方であった。

広州起義と違って、恵州起義の計画は日本でも進められた。孫文は日本に亡命しており、多くの日本人知人へ計画を呼びかけ、協力を求めていたからである。当初の計画は、壮大であった。当時、両広総督であった李鴻章《りこうしょう》に働きかけ、清朝からの独立を宣言させる。そしてイギリスの香港総督、日本領事館の協力を得ようとし、さらには、孫文は台湾に渡り、台湾総督の児玉源太郎、民政長官・後藤新平にも協力を仰いだ。

「南清独立計画」は東亜同文会の近衛篤麿《このえあつまろ》、犬養毅《いぬかいつよし》、頭山満《とうやまみつる》らも巻き込み、宮崎滔天や内田良平らが李鴻章配下の劉学詢《りゆうがくじゆん》と交渉を始めた。結局、李鴻章の両広独立は実現しなかったが、一九〇〇年十月に孫文は掻き集めた会党の軍事力を恵州三洲田で蜂起させ、厦門《アモイ》に向かって進軍させた。厦門進軍は、台湾の日本軍が協力するはずであった。六百名の兵士で決起したが、次々と会党軍が参加し、最大で二万兵に膨れ上がったという。だが戦闘が長引くにつれ、弾薬が不足し、日本からの武器援助の道が閉ざされたため、蜂起十七日目にして解散した。

台湾の台北から劉学詢に宛てた孫文の書簡では、具体的な作戦が明記されている。

①挙兵し、各県を占領することにより、省都［広州］の兵力［官軍］を分散させる。官軍兵力が手薄になり次第、その機に乗じて省都を襲撃し、根拠地とする。

②今や恵州の軍が決起しており、これに肇慶《ちょうけい》、高要、北江等の各地も近日中に続けば、省都の官軍は各地へ出動せざるをえず、城内は必然的に手薄になるので、必ずや一撃のもとに陥落する。

③暫定政府の首長は、貴君から李鴻章閣下に頼んでいただきたかったが、閣下は講和全権の命を拝しており、［代わって］貴君を推挙して就任していただく。兵政は私

が自ら担う。

まず広州郊外の恵州で決起し、省都の警備が手薄になった間隙を見計らって攻撃をかけ、広州城を占拠する。清朝からの独立を宣言した暫定政府の首長は、李鴻章に代わって劉学詢が就任し、孫文は軍事部門を担当する。こういう筋書きであった。

どう見ても杜撰《ずさん》な計画であった。李鴻章も協力せず、当てにしていた台湾の日本軍の協力も、反故《ほご》になった。

孫文は、当時の日本との関係を次のように回想している。

当時、台湾総督児玉は中国革命にそうとう賛成しており、北方がすでに無政府状態に陥ったので、民政長官後藤に命じて私と折衝させ、事を起こした際の支援を約束させた。〔……〕日本内閣が突如として交代した。新内閣総理伊藤氏は前内閣〔山県有朋〕と大いに違って、台湾総督の中国の革命等との折衝を禁じ、武器の輸出および日本人将校の革命軍参加を禁止してしまった。

愚痴ともつかぬ回想であるが、裏切ったのは日本政府、伊藤博文内閣である、という恨み節である。しかしよくよく考えると奇妙である。日清戦争で台湾を手に入れ、さらに中国、特に台湾対岸の福建省へ勢力範囲を広げようとしていた日本に軍事的・外交的に依存することで、辺境革命の成就を期待することは、少し矛盾していないか。清朝憎しのあまり、日本軍＝味方、清朝軍＝敵という単純な戦略が打ちたてられていた。それほど単純に「南清独立計画」が成功するはずはない。

陳独秀――「拒俄運動」の洗礼

陳独秀は義和団事件の嵐が吹き荒れている一九〇一年十月、はじめて東京へ留学した。そして翌年三月にいったん帰国したが、同年九月には再び東京に現れ、一九〇三年三月まで滞在している。義和団事件から日露戦争へ向かう過渡期である。陳独秀は東京で多くの革命派の人物と交流し、西欧啓蒙思想やロシアの東北三省占拠に反対する愛国思想、革命思想の洗礼を受けた。

八カ国連合軍の主流は日本とロシアであった。とくにロシアは十七万の大軍を送り込み、東三省（満州）を武力占拠した。シベリア鉄道から延びる東清鉄道はロシアが建設、管理し、ロシアの拠点であるハルビン、大連、旅順を結ぶ支線を建設中であった。ロシアにとって、東北地方の東三省は極東進出の要《かなめ》であった。だから大軍を送って、ロシア権益を拡大させようとしていた。

東京留学直前の一九〇一年九月には、義和団事件の事後処理である「北京議定書」（「辛《しん》丑《ちゅう》条約」）が結ばれた。連合軍は撤兵することとなった。一九〇二年四月、露清密約といわれる「満州還付に関する露清条約」（「東三省交収条約」）が結ばれて、ロシア軍は十八カ月以内に三期にわけて撤兵することを約束したが、一向に履行されず、一九〇三年四月には、逆に撤退の条件として七項目の要求を提示し、撤退を渋った。これが日露戦争へと連なるが、中国では「拒俄《きょが》運動」が高まった。

「俄」とはロシア（俄羅斯）のことで、日本の「露」に相当する。いわば「東三省からロシアは出ていけ」という運動である。この運動が、東京にいた留学生に火をつけた。一九〇三年五月、中国留学生会館に集まった留学生は、ロシアへの抗戦を要請する電報を打つだけでなく、自分たちも戦場に赴いてロシアと戦おうではないかと演説するほどであった。こうして東京で「拒俄義勇隊」が組織された。この運動には、陳独秀も参加していた「青年会」が大きく関与していた。ところが軍隊組織の発足は日本警察から許可されず、名称を穏やかな「軍国民教育会」と改めた。このメンバーが帰国し、各地に政治結社をつくり、拒俄運動から清朝打倒の革命結社が生まれたのである。こうした風のなかで、東京の陳独秀は思想形成を深めた。だが、陳独秀は拒俄義勇隊には参加していない。なぜなら直前の三月、在日留学生の監督官・姚昱《よういく》の辮髪切り落とし事件を起こして、強制帰国させられたからである。

［下級官吏の姚昱が監督官であったが］端《はし》なくも留学生の逆鱗《げきりん》にふれた。張継《ちょうけい》が腰にだきつき、鄒容《すうよう》が頭を押さえ、陳独秀が鋏《はさみ》をふりまわして、首を切るかわりに辮髪を切り落とし、恨みをはらした。この罪で、三人とも帰国させられた。（章士釗）

この辮髪切り騒動は、茶目っ気があったというか、少し大人げない事件である。孫文も若い時、北帝廟や天后廟に祀られている天上帝、金花娘 娘《ニャンニャン》像を破壊して、村を追われている。理由は偶像崇拝に反対するためだったという。

「安徽愛国会」からスタート

帰国させられた陳独秀は、東京の嵐を故郷の安徽に持ち込んだ。一九〇三年五月、安徽で陳独秀が中心となって三百人参加の大演説会を開催し、そこで「安徽愛国会」を結成した。陳独秀の政治的デビューであった。その演説内容は上海の『蘇報』に詳しく掲載された。

中国人の性質は、ただ生死を争い、栄辱を争うようなことをしない。目前の一時の安楽や生活に安んじ、国が滅亡し、奴隷となってもこれを甘んじて受ける。［……］いかに侮辱されてもあえて反抗せず、分割されても中国人はあえて多言をせず。［……］いつも自分のことだけを考えるような見解をなくし、愛国のために団結するという目的を守るべきである。いつも官だけを罵るような浅見を改め、独立尚任《しょうにん》の精神をふるうべきである。

清朝打倒を優先する漢族中心主義の孫文の主張とは少し位相が異なる。反清ではなく、ひろく列強の中国侵略に抵抗しようとする愛国的団結である。孫文のような漢民族の復興を目指す清朝打倒の「滅清愛漢」ではなく、ここでは「拒ロ愛中」であった。極端にいえば孫文は「漢族を愛する」であり、陳独秀は「中国を愛する」であった。そして政府や役人に不満をぶっつけるだけの他力本願的態度を改め、「独立尚任［自立した責任を重んじる］の精神」を抱けという。単に、ロシアに対する闘争に立ち上がれというだけでなく、時流におもねる中国人の意識を改革しろという訴えは、後の啓蒙思想導入の立場に近いものである。

一八九七年冬、すなわち十八歳の時に書き上げたとされる陳独秀最初の文章といわれる「揚子江形勢論略」では、次のように結んでいる。

近年、敵の鼻息は身近に迫り、神州を貶《おとし》めようとしている。ロシアは蒙古、満州を経営し、フランスは貴州、雲南を窺《うかが》い、ドイツは青島、済南に手を染め、日本は福建、浙江南部を狙い、イギリスは香港、澳門に居座って、かつ長江を独占して四川、チベット、インドへの道を開き、東西七省の利権を管理せんとしている。

明らかに、列強強国の中国分割（瓜分）に対する危機感をつのらせている。

章士釗と蘇曼殊

安徽愛国会の設立を宣言したが、危険人物の陳独秀は官憲に追われて上海へ移った。そこで、陳独秀の特徴的側面である言論活動を本格的に始めた。すなわち啓蒙雑誌の活動である。主筆であった章士釗《しょうししょう》の招きで『国民日日報』の編集に参加したのである。上海には『蘇報』が出版されていたが、清朝を激しく批判した鄒容『革命軍』を支持した章炳麟《しょうへいりん》が有名な康有為《こうゆうい》批判を掲載し、皇帝を愚弄したと章炳麟、鄒容が投獄され、『蘇報』は閉鎖された。その後を受けて一九〇三年七月、『国民日日報』が発刊された。実質的には、上海に組織されていた上海愛国学社の機関紙であった。そこには、後の中華民国でも活躍する大物たちが参加していた。章士釗の外、蔡元培《さいげんばい》、張継、呉稚暉《ごちき》、章炳麟、そして刎頸《ふんけい》の友となる蘇曼殊《そまんしゅ》などである。

章士釗は陳独秀を回顧して、次のように記している。

彼の言葉は峻利で、切れ味が良い。性格はせっかちで、他人とあわず、往々にして他人からも受け入れられなかった。

日本に留学したがうまくいかず、上海に戻り、私及び滄州の張博泉［張継］、南康の謝暁石《しゃぎょうせき》と一緒に『国民日日報』を創刊した。［陳独秀は］私と二人で昌寿里の狭い部屋に蟄居《ちっきょ》していた。筆をとるだけであまり外に出ず、寝起きも節度がなく、顔も洗わず、衣服がボロボロになっても代わりがなく、洗いもしなかった。ある朝、私が彼の黒い服を見ると、星のような白いものがびっしりとくっついていた。私はびっくりして「仲甫《ちゅうほ》、それは何だ」といったところ、独秀はゆっくりと見て、平然と答えた。「しらみだよ」。彼の苦行はこのようなものだ。

刎頸の交わりを重ねた蘇曼殊との出会いは、『国民日日報』であった。

［蘇曼殊が］『国民日日報』社でフランス語の『レ・ミゼラブル』を翻訳した時、仲甫は彼と知り合い、少なからざる字句を修正してやった。この時、曼殊の漢文の基礎が非常に浅く、文も筋が通らないことがあり、仲甫が彼の先生であった。［……］その後、仲甫と曼殊は時に同居し、いつも手紙を頻繁に出し合った。［……］曼殊は仲甫の影響で、自己の天才を啓示され、超絶した文人になったのである。（柳無忌）

蘇曼殊は日本の横浜に生まれ、父は中国人の商人、母は日本人であった。日本の学校で学んだため、中国語があまり上手くなかったのであろう。日本で革命派留学生と交流し、青年会に加わって拒俄運動に参加した。出家して僧侶姿であった。そして上海へ渡り、『国民日日報』で翻訳業務を手伝った。陳独秀と蘇曼殊の間には、互いに多くの漢詩が交換されている。

章士釗によれば「筆をとるだけ」の生活であるというが、この『国民日日報』に陳独秀は文章を掲載していない。西郷隆盛を讃えた漢詩があるだけであった。

『安徽俗話報』の発行

陳独秀は『国民日日報』の編集作業だけでは満足しなかった。自分が主宰する雑誌を出したかった。それが実現したのが一九〇四年二月、陳独秀が弱冠二十四歳のとき、安徽・蕪湖《ぶこ》で創刊した『安徽俗話報』である。まぎれもなく、陳独秀自身が創刊したもので、陳独秀は「三愛」のペンネームで、自分自身の文章を次々と掲載した。『安徽俗話報』は半月刊で、上海で印刷され、蕪湖科学図書社の発行ということであった。

一九〇五年八月まで、合計二十二期が編纂、出版された。活動期間はわずか一年半で、短いといえば短い。しかし、安徽初の口語雑誌であり、陳独秀にとっての思想活動の輝かしい第一歩であった。

陳独秀

蕪湖科学図書社は、その後長く陳独秀の文化活動を支援してきた出版編集者の汪孟鄒《おうもうすう》が経営していた。その甥の汪原放《おうげんほう》の回想によれば、次のような生活であったという。

まもなく、風呂敷荷物を背負い、一本の傘

を抱えたこの二十五歳の青年がやってきて、社会《〔ママ〕》図書社に住み込み、発刊した。約一年間、二十三期を共編出版した。毎期出版後、陳独秀は自ら仕分けし、封を巻き、切手を貼り、せっせと革命思想の宣伝工作に努力した。

陳独秀の回想では、次のとおりである。

> 私はその時、二十数歳の青年であった。革新の感情が高まって、科学図書社の建物で『安徽俗話報』を編集した。革新大業を毎日夢想し、しらみが衣服にまとわりついたが、まったく気にしなかった。

蔡元培も次のように語っている。

> 最後に忘れられないことは、陳君が蕪湖で同志数人と一緒に白話報をつくっていたことだ。他の人びとはだんだん苦しみに耐えられず、ついに離脱したが、陳君は独力で数カ月も持ち堪えた。私は彼の毅力と責任感に敬服した。

興中会時期の孫文は、機関誌の発刊に着手していない。雑誌啓蒙活動に熱心であった上海愛国学社の流れをくむ光復会などが合流した一九〇五年の中国同盟会設立にともない、初めて機関誌『民報』が日本で発刊された。『蘇報』事件で投獄されていた章炳麟が出獄すると、東京に来て『民報』主筆におさまった。孫文は『民報』で、従来の主張を「三民主義」として整理し、それを発表した。孫文の片腕となる汪精衛《おうせいえい》や胡漢民《こかんみん》らも、若い主張を発表して、革命派雑誌としては影響力大であった。だが途中で、日本政府からの餞別金の授受をめぐって孫文と章炳麟が対立・喧嘩した。章炳麟は民報社に掲げられていた孫文の肖像写真をはずし、日本を離れる孫文の行き先である香港へ送りつけた。

『民報』は同盟会の機関誌であったが、『安徽俗話報』は弱冠二十四歳である陳独秀が発刊した個人雑誌であり、経営的にも長く続くはずはなかった。

次々に論文掲載——「亡国篇」

だが、我が意を得たりとばかり、陳独秀は次々と論文を掲載した。掲載された論文は十八編で、タイトルは次のとおりである。ちょっと繁雑であるが、どのような項目に関心を持っていたか分かる。

「『安徽俗話報』創刊の理由」「中国の瓜分」「東江に酔い、時俗に憤す」「安徽の鉱山事業を論ず」「安徽の石炭鉱業」「悪俗篇」「国語教育」「国家を説く」「中国歴代の重要事項」「地理略」「亡国篇」「東海兵魂録」「黒天国」「戯曲を論ず」「王陽明先生の訓蒙大意の解釈」「槍法問答」「中国兵魂録」「西洋各国における小学堂の情況」

危機に瀕した亡国論、民族論、政治論、そして人権や女権が認められていない民俗論、列強に支配される安徽鉱業論、地理論、歴史論、教育論、言語論、戯曲論、日中軍人魂論、シベリアの監獄論……。

二十四、五歳の浅学であるとしても、この幅広いマルチタレントには驚かされる。

特徴的なことは、ここでは清朝打倒の主張がなされていないということである。国家が主権を失っていることが危機だと力説する。その主権を奪っているのは、西欧列強の侵略である。拒俄運動の時期であるから、東三省を占拠したロシアへの糾弾が多いが、イギリス、フランス、ドイツなどが中国を分割させようと侵略しているにもかかわらず、官僚はその危機感が薄いと、亡国に向かう危機を嘆いている。そして、亡国の危機を救うために、「亡国の民」にならないために、国民自身の覚醒を呼びかけている。「中国の瓜分」でいう。

ただごとではない。なぜならロシアが奉天省を占領したので、各国は中国に代わって大いに不平をいい、ロシアはゆえなく他人の土地を占領して、今回はきっと中国はロシアと戦争するだろうと思っているからである。しかし中国の官僚は、ロシアを恐れ、まるでネズミが猫を見るかのごとくで、ロシアが奉天を占領するのを目の当たりにしながら、一言半句の異議を唱えることもできない。各国の人は中国がこのように容易に脅かされるのを見て、中国は絶対に国を保つことはできない、この肥えた羊を、ロシアに独占させるよりは、今のうちに我われもいくらか分け前にあずかる方がいいと皆いっている。［……］

よく考えてみてほしい。みなで奮い立ち、強国の民となるのがいいか。それともそれぞれが自分の家だけを守って国事にかかわらず、結局家も守れず、亡国の民となるのがいいか。

「亡国篇」では、中国亡国の原因は次のようだという。

①家を守ることばかりで、国家を守ろうとする「愛国の大義」を知らないからだ。
②天命（皇帝の方針）に任せるだけで、人力を尽くすことを知らないからだ。

亡国の責任は、民の無自覚であるという。他力本願ではなく、「天下の興亡、匹夫に責あり」(顧炎武)といいたいのであろう。

我が中国はなにゆえに外国に及ばず、外国に敗れるのだろうか。[……]個人と家庭のことばかりに関心があって、国に忠をつくし、国に報いるということをしないからである。国家の大事を、すべて皇帝一人のいいかげんさに任せ、あるいは外国人の保護に頼り、あるいは宗教教徒にまかせ、みんなは国事に関心をもたない。そうすると、滅亡の道を歩んでしまうのだ。

我が中国人は、天からの命令を聴くだけで、人力を尽くして自ら強くなろうとしない。だから一国の土地、利権、主権が洋人に占奪されても、その回復方法を知らない。

皇帝がよくないからではない。官吏がよくないからではない。兵が強くないからではない。財が不足しているからでもない。外国に中国を任せたからではない。土匪《どひ》が乱を起こしているからでもない。私が見るに、およそ一国の興亡はすべて国民の資質のよし悪しにかかっている。我が中国人は天性的によくない資質があり、それが亡国の原因となっている。

民は国家の主権を守るために、奮闘努力せよというのであって、これは民の覚醒を求めると同時に、皇帝専制に対する異議でもある。共和革命へつながるとしても、異民族王朝への言及はない。

孫文の「亡国」論との違い

民衆が覚醒して列強の侵略に立ち向かおうというのがその主張である。帝国主義列強に対する危機意識の形成と、そのための民衆の覚醒であった。なぜこのことを強調するかといえば、同じ時期における孫文の危機認識と大きく違うことを明らかにしたいからである。同じ一九〇四年、孫文がアメリカ人に向けて英語で発表したアピール「中国問題の真の解決」を紹介しよう。真の解決は、清朝の打倒による民主国家の建設であるという。「中国問題」の根源は中国人が苦しめられている列強の侵略というよりは、清朝（韃靼《だったん》政府）の支配と堕落であるという。

我われのすべての困難の根源は満州政府の弱体と腐敗にあり。［……反清革命蜂起に］十分な補給が用意されるならば、彼らが韃靼人の勢力を中国から駆逐できないと、誰がいえよう。中国に革命を起こすという、我われの偉大な目的が実現した時、美しい我が国に新時代が訪れる。［……］我われは広く文明世界の人民、特にアメリカ合衆国人民に、道義的にであれ物質的にであれ、共感と支援を与えてくれるよう、呼びかけなければならない。

孫文にとって、列強の侵略は第一義的な問題ではなく、清朝打倒の必要性が何よりも優先課題であった。いうまでもなく、陳独秀と違って、民の資質のよし悪しは問題としなかった。

文化の大衆化を目指す

長堀祐造他編の『陳独秀文集』1（平凡社東洋文庫）には、『安徽俗話報』から四つの文章が採用されている。「『安徽俗話報』創刊の理由」「中国の瓜分」の他に「国語教育」と「戯曲を論ず」が翻訳されている。政治論だけでなく、言語や演劇にも、その関心が広がっていることを知ってもらいたいからであろう。

一握りの知識人が言語、文化を独占するのではなく、大衆への解放を掲げたのが、後の「新文化運動」の中核であった。すでにこの時期の陳独秀は、その一端を披露していた。

①国内の誰にでも通じる俗話で書いた教科書を編纂すること。
②どこでも通用する官話で教科書を編纂すること。

文化伝承、教育にとって、演劇の伝承性に大きな意義を認めていた。しかし、高尚な演劇は大衆文化として意義を見出さなかった。

①風俗教化に有益な芝居をたくさん制作すること。
②西洋の方法を採用しても差し支えない。
③神仙妖怪の芝居を演じないこと。
④淫らな芝居を演じるべきでないこと。
⑤富貴功名のありきたりの思想を取り除くこと。

戯曲は、文字が分からない人にも分かりやすいので、「時事に新たな気風を開くような新しい芝居をより多く上演するように」という。民の覚醒のための手段として、難解な文語文ではなく、分かりやすい口語文（俗話）を、そして文字が読めない民には、楽しい大衆演劇をということである。

中国知識人の自覚と日清・日露戦争

ここでは、陳独秀は清朝打倒というような狭隘《きょうわい》な排満的民族主義に関心を見出していないように描いてきたが、まったく関心がなかったわけではない。拒俄運動で多くの留学生が中国に戻って、革命結社を創設した。この革命潮流は、ロシアに対抗できない清王朝の無能さに向けられていった。ロシアを叩いたのは、清王朝ではなく、日本であった。日本は、日清戦争で宿敵の清朝政府を打ち破り、日露戦争でこれまた憎きロシアを東三省から追い払った。日本は中国の反清、反露の革命家に代わって、清国と露国を破ったことになる。拒俄運動の革命志士たちにとって複雑な心境であったろう。

陳独秀は、この時期を次のように回想している。

甲午の役によって、軍は敗れ国土は奪われ、国中の上層・中層社会は、長い夢からはじめて覚め、多少なりとも知識ある者の多くは、富国強兵の策は、聖人であっても否定するところではないと認めた。康有為、梁啓超《りょうけいちょう》らは、この機に乗じて変法の説を唱え、国の人びとを驚かせたが、守旧派はこれを阻《はば》み、ついには戊戌《ぼじゅつ》の政変が起きた。我が国はふたたび心地よい深い眠りに落ち、暗雲がたちこめ、守旧の意見は、極端に向かい、それが積み重なってついに庚子の役が起きた。ほとんど国の体をなさなくなったものの、旧勢力が一度に地盤を失ったため、新思想が次第に勢力を拡大し、ついに行政制度の問題から一転して政治の根本の問題へとことは進んだ。

（「我われ最後の覚悟」）

日清戦争、義和団の役がもたらした国内への影響は語られているが、日露戦争の影響には触れられていない。あまり重視していなかったのだろうか。日露戦争と同時並行的に出版された『安徽俗話報』には、日本兵と中国兵の違いを比較し、日本兵は「大和魂」を発揮して、お国のために命を棄てており、その武勇でロシアを負かすことができた。その「兵魂」を比較し、中国兵には、日本兵の武勇がないと歎いているだけである。

陳独秀は女性解放論を唱える

陳独秀には女性解放論の側面がある。それを考えるにあたって、「悪俗篇」を避けることはできない。四回にわたって連載され、婚姻、菩薩信仰、婦女の飾りと化粧などについて論じ、中国女性には自由と自立の権利がなく、すなわち西欧の女性に比べて人権が脅《おびや》かされていると指摘する。

世界万国で、結婚のあり方がもっとも文明的なのは西洋である。彼らはすべて男女が自分で結婚相手を決め、相貌、才能、性情、特性も双方が釣り合っている。西洋人夫婦の愛情は、中国人には夢にだにできない。

［中国人の結婚は］二人が心から結婚を望むのではなく、別の人が勝手に決定し、結婚を強要し、［……］愛情は育ちにくく、憂鬱で病気となって、死んだみたいなものだ。

少し西洋の結婚を理想化しすぎているが、中国の現状はこのようなものであったか。この時、陳独秀も、親が決めた女性と結婚させられていた。科挙試験の「秀才」（「挙人」合格の一歩手前）に合格すると、結婚話が次々と持ち込まれ、そのなかでも名家の女性と結婚させられていた。自分が経験した辛い思いから、したためたのであろうか。後、陳独秀は恋愛関係におちいった妻の妹と駆け落ちし、故郷を棄てた。自分の意思による結婚を、主張どおり実践したことになる。

二億の男性は文明の新世界に入っているものの、わが二億の女性同胞は、依然として十八層の地獄の暗闇に沈んでいて、一層すら這い上がろうとしていない。足は纏足《てんそく》して小さく、頭は櫛を入れてキラキラ光り、花やリボンや螺鈿《らでん》のかんざしを飾り、身には薄絹や厚絹、縁取り飾りの釦《ボタン》を付け、白粉を白く塗りつけ、口紅を紅くひいている。生涯知っていることといえば、ただ男性に寄りかかり、衣食をすべて男性に依存することだけである。花のかんざしはちょうど玉の鎖であり、金の枷《かせ》である。あの薄絹や厚絹はちょうど錦の縄であり、縁取りの帯であり、それがきつく束縛しているのである。

中国女性は、男性のもてあそびの対象であり、自分の意思を発揮できない人形であった。「新文化運動」では、胡適は家庭をでて自立したノラに中国の未来を託した。女性の物理的精神的抑圧は、西洋も同じであり、ある意味程度の差であった。

「岳王会」設立

一九〇五年、陳独秀は盟友・柏文蔚《はくぶんうつ》と一緒に反清革命結社である「岳王会」を組織した。

南宋時代における北方異民族である女真族(金朝)の侵略に抗した岳王(岳飛)の名にちなんだ結社である。決して反清の思いがなかったわけではない。しかし活動はほとんどなかった。

蕪湖に、李光炯《りこうけい》が安徽公学なる学校を開設した。陳独秀もそこに参加したが、アナキストの劉師培《りゅうしばい》、同盟会員で孫文と対立した元光復会の陶成章《とうせいしょう》などが参加し、学生にテロリストとなった呉樾《ごえつ》がいた。清朝打倒の機運が生まれ、安徽「岳王会」を結成した。会長は陳独秀で、本部を蕪湖に置いた。南京分会は柏文蔚、安慶分会は常恒芳《じょうこうほう》が担当した。柏文蔚の回想では、陳独秀と一緒に安徽省北部を回って仲間を募ったという。しかし集まったのは三十名程度の同志に留まった。「陳独秀は岳王会の生みの親であるが、自ら乳を与え育てることはなかった」(任建樹)。

陳独秀は岳王会会長として具体的に活動した形跡がほとんどない。同時期、孫文の同盟会が組織され、安徽の岳王会も合流するように説得の使者が派遣され、柏文蔚はさっそく同盟会へ加盟した。しかし陳独秀は同盟会への合流は断って、孤高を守ることとなった。

参加しなかった理由は、いろいろと憶測されるが、孫文の「興漢滅清」という狭隘な民族主義や、「民族の殺し合い」政策に賛成できなかったという説(赤光《せきこう》「陳独秀の生涯とその政治主張」)は、実態に近いのではないか。任建樹も「陳独秀は帝国主義、封建専制(文化思想的専制も含む）と、各民族の人民との間に横たわる矛盾に着目しており、満州族と漢族との間の両民族の矛盾は強調していない。これが、陳独秀が同盟会に参加しなかった原因の一つであった」と、赤光の見解に同意している。

唐宝林《とうほうりん》は、陳独秀が同盟会に参加しなかった原因を、一九二四年の回想記述に求めている。その回想で、陳独秀は辛亥革命の失敗原因を、単純な排満、単純な軍事行動だという。「単純な排満的種族革命は反帝につながらず、単純な軍事行動では民衆を立ち上がらせることができない」と孫文流排満軍事蜂起路線を批判している。唐宝林は「これが同盟会に参加せず、彼らが指導する武装蜂起に参加せず、陳独秀自身も起義を起こさなかった主要原因である」と指摘している。

ただ、これらは後世の陳独秀の姿勢から、当時を論じたものであり、残念ながら当時の陳独秀自身が語った史料ではない。岳王会は秘密結社であって、対外的に文字で理念を発表することもなく、明確な政治綱領は残されていない。否、秘密結社には、もともと文章化された政治綱領はなかったとさえいわれている。

この時期、テロ、蜂起が続いた。一九〇七年七月、光復会の徐錫麟《じょしゃくりん》らによる安徽巡撫《じゅんぶ》・恩銘暗殺があり、翌年熊成基《ゆうせいき》の安徽新軍事件が発生した。この事件には岳王会も関係しており、陳独秀は累が及ぶのを避けて、日本へ渡った。

第二章　中国同盟会の結成と陳独秀の東京留学

革命結社の大同団結を求める孫文

　拒俄運動に端を発した渡日留学生の自覚的活動は、軍国民教育会を組織した。そして多くの留学生が中国の故郷に戻って、各地に反清結社を結成することとなった。なぜ反ロシアが反清朝に変わったのか。ロシアの東三省占拠に対して、清朝政府は有効な対抗策が取れなかった。日露戦争では、清朝に代わって日本が東三省からロシア支配を排斥するという無様《ぶざま》な姿を露呈した。この清朝の存続は、列強支配が進む中国にとって、獅子身中の虫であると考えられるようになったのである。

　だが、各地に清朝打倒の秘密結社が誕生しても、バラバラな活動では効果をあげないのは、誰の目にも明らかである。

　それを一番心配したのは、日本の支援者たちであった。とくに孫文と手を組んだ宮崎滔天らは、各地の反清団体の大同団結を訴えた。その影響を受けて、孫文を中心に組織の一本化、団結が進められた。孫文は革命派大同団結の必要性を強調している。

こちらの省で事を起こそうとし、あちらの省でもまた事を起こそうとして相互に提携せず、各自が号召していたのでは結局、秦末の二十余国の争い、元末の朱元璋《しゆげんしよう》、陳《ちん》友諒《ゆうりよう》、張士誠《ちようしせい》、明玉珍《めいぎよくちん》の乱となるに違いない。ゆえに目下の主義としては相互に提携することが緊要である。

といっても、群雄割拠の革命派であるから、誰がヘッドにおさまるか、簡単な問題ではない。しかも反清といっても一様ではない。孫文のように、遠く離れた辺境での武装蜂起（起義）を主張する派があるかと思えば、そんな辺境革命では革命の波及は望めず、中国の中央部にある長江流域で決起しようという長江革命論も擡頭した。いや、権力の中枢である北京で、清朝要人の暗殺をすべきと暗殺団を組織するものもあった。

テロリストとして名をはせたのは楊篤生《ようとくせい》、呉樾（北京駅での海外視察五大臣爆殺事件の実行者）であるが、爆弾づくりには、蔡元培、陳独秀も参加している。その蔡元培は民国時代に入ると教育界のドン（南京臨時政府の初代教育総長、北京大学校長）となるが、当時の上海で愛国社を組織し、呉稚暉、章士釗、劉師培、趙声《ちょうせい》、呉樾、徐錫麟、于《う》右任《ゆうにん》らが参加した。そして一九〇四年冬、蔡元培を会長とする「光復会」が結成された。明確に清朝打倒を掲げた。「誓詞」は次のようにいう。

漢族を光復し、我が山河を還さん

この光復会には、陶成章、秋瑾《しゅうきん》も参加した。どれもこれも清末の革命劇を飾るヒーローたちである。

もう一つの震源地は湖南省の長沙である。日本から長沙に戻った黄興《こうこう》を中心に、宋教仁《そうきょうじん》、陳天華《ちんてんか》、劉揆一《りゅうきいつ》らが一九〇三年十一月、反清結社「華興会」を結成した。これで、広東の「興中会」、上海の「光復会」、湖南の「華興会」という三大革命派結社が誕生した。もちろん三団体だけでなく、岳王会のように他の地区にも同じような結社は生まれていた。

東京で「中国同盟会」結成

大同団結の舞台は、東京であった。清朝打倒運動の中核となる「中国同盟会」の誕生である。一九〇五年七月、内田良平の黒龍会本部で中国同盟会の準備会議が開かれ、東京にいた十省七十六名が参加した。

（日本人）宮崎滔天、内田良平、末永節
（中国人）湖南の黄興、宋教仁、陳天華
　　　　　広東の孫文、馮自由、汪精衛、古応芬、胡毅生（胡漢民の弟）
　　　　　湖北の曹亜伯、蔣作賓
　　　　　広西の馬君武、鄧家彦
　　　　　直隷の張継

そして八月には赤坂霊南《れいなん》の坂本金弥《きんや》宅で中国同盟会成立大会が開かれた。孫文が総理に選ばれ、黄興が副総理格で庶務部責任者となった。こうして、清末革命を主導した「孫黄ペア」が誕生した。とはいえ、決して堅い団結ではなかった。この時期、孫文はイギリスなど欧州視察に回っており、七月末にサイゴンから東京へ戻ったばかりであった。日本人の仲介で同盟会が誕生することになったが、それまでの孫文と黄興は面識がなかった。欧州から戻ったばかりの孫文に黄興を会わせたのは宮崎滔天であったという（楊度《ようど》との説あり）。

互いに意気投合というわけではなかった。黄興は参加にあたって、次のように述べたという（宋教仁）。

形式的には孫逸仙の会に入るが、精神的にはわが団体を温存すべき。

まさに同盟会は一枚岩の団結を誇ったわけではない。だからその後もほころびを見せたのである。革命派における孫文の権威はさほど確立していたわけではない。同盟会設立ニュースを聞いた胡漢民と廖仲愷《りょうちゅうがい》は、さっそく広州から東京へ駆けつけて、孫文にはじめて面会した。そして即座に孫文の秘書となった。その後、孫文の側近ナンバーワンとなった。その胡漢民自伝によれば、

この時、保皇派［康有為ら変法派］を論破し、革命排満を主張した者として、章炳麟、鄒容、陳天華がもっとも功績大であった。

胡漢民さえも認めているように、思想的には章炳麟、鄒容、陳天華らの方が、孫文を凌駕していたのである。排満言論で投獄されていた章炳麟が出獄し、東京に迎えられた。留

学生二千名が歓喜をもって歓迎会を開いたほどである。章炳麟は、孫文、黄興とならんで「革命三尊」といわれるが、思想的には「国学大師」の章炳麟の方が卓越していた。しかし「政治音痴」といわれ、根回しが必要な政治活動においては孫文には到底及ばなかった。まさに革命派結社を組織する腕において、孫文は一枚上であった。幅広い人脈を形成し、各地を飛び回り、仲間との繋がりをつくっていった立ち回りが上手な「役者」であった。

孫文の「四綱」

ここで、同盟会の政治綱領が決まった。基本的に孫文の興中会の思想を受け継ぐものとなった。

駆除韃虜、恢復中華、建立民国、平均地権。

いわゆる孫文の「四綱」である。

①韃虜（満州族）を駆除して、中華（漢族）支配を回復する。

②皇帝専制の王朝システムを打ち破り、新しく民国（共和国）体制を創出する。

③貧富の差を生んでいる土地所有の権利を平均化し、民の生活を安定させる。

後に、孫文の「三民主義」（民族主義、民権主義、民生主義）となる原型である。民族主義は排満に限定されている。拒俄運動で高まったロシアの侵略に反対する反帝ナショナリズムは議論されていない。この点が、陳独秀の不満をつのらせた。またデモクラシーを「民主」といわず「民権」と表現したが、その内容規定はあいまいで、ただ共和国を建設することが民権の中身であるとしただけである。いわば国家体制の革命であって、国体の変革を強調している。

これまでの革命は、たとえば明および太平天国のように、ひたすら駆除、光復を自己の任務と見なすだけで、それ以外のことはなかった。今日の我われはこれまでとは異なり、韃虜を駆除して中華を回復するだけではなく、国体と民生を国民と共に変革しなければならない。その方法は様々であろうが、そこに貫かれる精神は自由、平等、博愛である。だからこれまでは英雄革命であったが、今日は国民革命である。

フランス革命の精神である「自由、平等、博愛」を掲げて、一見、西欧的デモクラシー精神を強調しているようだが、主権回復は漢族の国家、民族の主権回復であり、決して国民主権の確立ではなかった。

義軍の目指すところは、かの政府を覆して我が主権を奪還するところにある。

共和国の内容については、次のように立憲体制を強調している。

およそ国民たる者は平等であって、参政権を有する。大総統は国民の公選による。議会は国民公選の議員によって構成される。中華民国憲法を制定し、人びとは共に遵守する。

「三序」――段階的革命論

日本留学によって西欧デモクラシーの思想的薫陶を受けた革命派は、この一文をもって同盟会へ賛同したのであろう。だが孫文は革命成就直後に、直ちに立憲体制に入ることを認めようとはしなかった。いわゆる段階的革命である「三序」構想を明らかにした。革命が成功した後、「軍法の治」「約法の治」「憲法の治」（後に「軍政」「訓政」「憲政」と改称）を経ていくと明記した。

第一段階は、革命軍独裁で、軍政府が国民を監督指導し、古い汚濁を浄化する。

第二段階は、軍政府の独裁が続くが、地方自治を国民に授与する（後の「訓政」論では、革命軍独裁に続いて革命党独裁が出現する）。

第三段階は、軍政府が権力を解体し、憲法で選ばれた国家機関が国事を総攬する。

第三段階に到達して、はじめて西欧的デモクラシー国家が誕生するということであろうか。

陳独秀のデモクラシー論は、デモクラシー国家を支えるのは国民であるから、何よりもまず、君臣、父子、夫婦、兄弟の間に横たわる主従関係によって厳しい伝統的な差別構造に縛られた国民を解放しなければならないと強調した。国民の人権を確立することに、デモクラシー国家の展望を期待した。

孫文の関心は少し違っていた。国民の多くは政治が何ものか理解できず、政治参加の経験もない「愚民」であるから、まずは有能な革命軍が国家建設の中核を担い、立派な国家が誕生したら、それを国民に与えるという発想であった。孫文は上からの国民救済論であり、陳独秀は下からの国民主体形成論であった。だから孫文によれば、国民は革命運動から排除されていた。

この「三序」構想や「平均地権」構想については、同盟会メンバーに異論を唱える連中が多かった。辛亥革命で中華民国が誕生すると、法制局長に就任した宋教仁は、第一、第二段階をふっ飛ばして、直ちに憲法（約法）づくりに取り掛かった。一気に憲政国家を目指し、国会選挙を実行したのである。「四綱」のうち、清朝打倒、共和国創立は、他の結社出身者も理解、諒承できたが、「平均地権」は孫文独自の見解で、とまどうことが多かった。陳天華によれば、孫文思想は「民族主義」と「平民主義」の「二大主義」であると説明し、他の連中も「平均地権」を強調しなかったという。後に、孫文がソ連と提携するようになると、「平均地権」論は、自由な資本主義を戒《いまし》める「資本節制」論、あるいは「社会主義」論であるといわれたほどである。

革命軍旗をめぐる争い

寄せ集めの同盟会であったから、トラブルは絶えなかった。原因は、理念的な争いというよりは、孫文の個性、傲慢さに反撥するという人格的トラブルが主流であった。

最初は同盟会の革命軍旗をめぐる争いである。孫文は興中会の広州起義（一八九五年）で掲げた「青天白日旗」を主張した。これは広州起義で犠牲者となった陸皓東《りくこうとう》がデザインしたもので、その旗に込めた孫文の思いは強かった。しかし、太陽とそれを取り巻く光をシンボル化したデザインを、黄興は日本の日の丸に似ていると批判し、それに代わって「井字旗」を提案した。古代の井田制における平等概念を「井」という文字に浮かび上がらせようというものであった。

この争いで、孫文は大声で黄興の提案を罵った。「井字旗」は復古主義だと排斥し、自分の命に代えても「青天白日旗」を主張すると譲らなかった。その場にいた宋教仁は次のように記録している。

逸仙は「青天白日旗に」固執して態度を改めず、不遜な言葉を吐いた。慶午［黄興］は怒って退席した。

［孫文は］平素から、人に対して胸襟を開かず、誠実誠意・虚心坦懐に接することがなく、態度は専制跋扈《ばっこ》に近く、人に堪え難い思いを与える。

思ったら一途というのか、聞く耳を持たないというのか、興中会以外の連中にとっては、それは「専制跋扈」と映ったのであろう。広東の仲間にとっては、凡人を超越した尊敬すべき領袖であったが、途中から合流した黄興、宋教仁らにとって、孫文の振舞いは、他者に対する寛容さを失った傲慢な態度と映ったのであろう。

結局、黄興が譲歩し、「青天白日旗」が同盟会の軍旗として採用された。以後、中国国民党に至るまで、青天白日のマークが党旗として続いている。台湾に逃げ込んだ国民党は、現在もそれを継承し、中華民国国旗にも、青天白日が組み込まれている。

孫文の「餞別・買収」問題

次の同盟会内部における大喧嘩は、「餞別・買収」騒動である。

中国革命派にとって、日本は「亡命天国」であった。基本的に革命蜂起の失敗で清朝政府からお尋ね者となっても、日本へ亡命すると、明治政府は基本的に彼らの上陸を認めた。革命派の危険人物だけでなく、戊戌政変で罪人として追われた変法派の康有為や梁啓超らの来日も受け入れた。そして日本での活動は、警察がピッタリと付いて一挙一動を政府に報告している。日本の「外交文書」には、そうした亡命者の動向が詳細に記録されている。中国から刺客が派遣され、暗殺されでもしたら日本政府のメンツ丸つぶれである。だから身辺警護と身辺スパイの双方を兼ねていたのであろう。

もちろん、清朝政府にとっては面白くない。だからお尋ね者・孫文の逮捕と引き渡しを要求した。当時、韓国統監であった伊藤博文は、孫文革命に深く関わっていた内田良平を呼んで善後策を話し合った。ひょっとしたら、いずれ孫文ら革命派が中国の天下を掌握するかもしれない。その可能性があると見なして、将来を見込んで孫文に貸しをつくっておくことは望ましいという結論に達した。

具体的には、三年後には再入国を認めるとして、孫文に一時的な日本退去を求める。これで清朝政府の要求をかわすことができる。そして退去費用、いわば餞別金として七千円を与えることとした。日本政府の「善意」に、孫文もこころよく応じた。そしてそこから千円を使って、同盟会メンバーを呼んで孫文歓送会を盛大に開いた。残り六千円が孫文の懐に転がり込んだ。七千円では少ないと、一万円の餞別金を用意した実業家もいたという。

孫文は、こうした厄介者の亡命者にも気を使う日本政府に感動した。

「我われのような」在野党より政府に重点を置くものであるが、日本政府は双方に好意的であり、平等に扱ってくれた。

この大金は、革命派に対する友誼の証と理解したのである。

そんな事情も知らない同盟会メンバーは、盛大に孫文をおくり出した。孫文は一時的に南洋に活動拠点を築いた。ところが、日本を離れた後、孫文が日本政府から餞別金を受け取っていたことがばれてしまった。それを知った章炳麟、張継、劉師培、譚人鳳《たんじんほう》らが、怒り狂った。理由は、日本政府から大金を受け取ったということは、日本政府に買収されたものにほかならず、同盟会の威信を傷つけたということであった。孫文の喜びは裏目に出たのである。張継は、「革命党（同盟会）を革命せよ」と息巻いた。章炳麟は「孫文を即刻退治しろ」と同盟会総理を辞任するように要求した。

孫文主導で同盟会が操られていることに対する非広東系のメンバーの反撥であったのかもしれない。

陶成章「孫文の罪状」

三つ目は、陶成章らの「孫文の罪状」騒動である。孫文に反目した旧光復会の陶成章や章炳麟らは、南洋華僑から資金調達を試みたが、既に興中会時代から華僑ネットワークを築いていた孫文派の妨害にあって成果を挙げることはできなかった。

一九〇九年十一月、陶成章は「孫文の罪状」を書き綴ったビラを発表した。三種類十四項目の罪状が並べられた。①同志を見殺しにした罪、②同志を欺いた罪、③全体の名誉を破壊した罪、であった。批判するというよりは糾弾、断罪しており、もはや同盟会は分裂状況であった。ちなみに陶成章は、辛亥革命直後に、孫文派の陳其美《ちんきび》（上海都督）によって暗殺された。実行者は陳其美配下の若き蔣介石であるといわれるが、明らかに革命派内部の粛清事件である。

広東や雲南といった辺境革命に勢力と資金をつぎ込む孫文の姿勢に不満を抱いた旧華興会系の宋教仁らは、長江流域での革命蜂起を主張して、長江流域の武昌起義《ぶしょう》が勃発する直前の一九一一年七月に「中国同盟会中部総会」を立ち上げた。これまた明らかに分派行動である。だが実際のところ、辛亥革命に火をつけた武昌起義（最初の起義であるから武昌首義ともいう）は、遠い華南の革命蜂起ではなく、中国のへそに当たる長江流域の武漢三鎮の一つである武昌で勃発したものである。宋教仁たちの読みの方が、正解であった。

「中国同盟会中部総会宣言」は次のように、秘密結社の会党をその都度動員する孫文の辺境蜂起路線（十次起義）を批判した。

ただ「金銭主義」を奉じ、その時になって烏合の衆を募集して革命党の中に混入し、僥倖《ぎょうこう》に頼って事を成就しようと願うのは、どうして確実な策略と言えようか。これこそわが党の義軍がしばしば蜂起しながら挫折し、最後の惨劇を演ずるに至った理由である。

路線の違いだけでなく、同盟会総理としての孫文の指導に、激しく抵抗している。合議制を強調した。次の主張は、孫文は独善、偏向で専制（独裁）的だと罵っているに等しい。

機関は合議制をとって、偏向をただし、専制を防止する。総理はしばらく置かず、賢人豪傑が現れて衆望を集めるのを待つ。

孫文がいない間に辛亥革命が始まる

同盟会はバラバラであった。だが、幸運なことに、孫文がアメリカに滞在していた時、孫文の指導とは無関係な武昌起義が勃発し、それに呼応した各省が独立を宣言して、各地に軍政府都督府が組織された。武昌起義は、同盟会の蜂起とはいえなかった。張憲文等『中華民国史』第一巻によれば、次のような経緯をたどった。

「〔武漢地区の革命団体で〕重要な組織は政治学社、振武学社、湖北共進会、文学社、湖北軍隊同盟会であった。〔……〕もっとも重要な役割を果たしたのは文学社と共進会の二団体であった」。「文学社は〔清朝政府の軍隊である〕新軍のなかに影響力を伸ばし、三千余人をメンバーとした。湖北新軍の五分の一を占めた。〔……〕九月二十四日、文学社と共進会の主要メンバーは連合会議を開いて、十月六日を起義の発動日と決め、文学社社長の蔣翊武《しょうよくぶ》を総司令、共進会の孫武を参謀長とした。〔……〕九日午後五時に蔣翊武は全城同時起義命令を下した」。

激しい戦闘の結果、湖広総督の瑞澂《ずいちょう》は漢口に逃げ込み、十日にまず武昌が占領され、十一日の夜から翌朝にかけて武漢三鎮の漢陽、漢口でも新軍が決起し、ついに武漢三鎮は革命軍によって「光復」が実現した。こうして共和国を名乗る中国最初の革命政権が武昌に誕生した。「中華民国軍政府鄂軍都督府」である。鄂《がく》とは湖北省の名称である。

しかし清朝軍は反攻して、再び漢陽、漢口を奪回した。武昌は難攻不落で、革命政権は存続した。こうした戦闘が続くなか、香港にいた黄興が上海経由で武漢に入ったのは十月二十八日のことであった。黄興は武昌の軍政府から臨時総司令に任命されて、革命軍を指揮したが、清朝軍の反攻を食い止めることができなかった。このため、武昌を離れて上海（滬《こ》）へ撤退した。事実上の逃亡である。

当時、『東洋日の出新聞』から武漢に派遣されていた西郷四郎（柔道家・姿三四郎のモデル）記者は次のように報告している。

去月［十一月］廿六日、革軍利を漢陽に失し、黄興は客将幕賓《きやくしようばくひん》に擁せられて、倉《そう》遽滬城《きよ》に遁走するや、暗澹《あんたん》たる武漢の戦雲俄かに散じ、当分休戦とも風説を耳にするに至れり。

清朝から独立した軍政府すべてが革命派主導の都督府というわけでもなかった。辛亥革命の狼煙《のろし》を上げた武漢の湖北都督府では、旧清朝軍人の黎元洪《れいげんこう》が都督に選ばれた。革命派が都督に選ばれた革命派都督府は、同盟会の胡漢民が都督に選ばれた広東都督府など限られていた。立憲派、旧官僚などが都督となって、各省都督府代表連合会で革命後の中華民国政府の有り様を議論した。

革命派、立憲派、旧官僚派が混在する混乱期に、肝腎な大総統に誰を選ぶか、適任者を見出すには困難があった。武昌起義が勃発した時、孫文はアメリカにいた。ヨーロッパを回って帰国したのは十二月末であった。孫文は黎元洪のように反清起義に便乗した即席の革命派ではなかった。興中会結成から十七年間にわたって革命運動の先頭に立ってきた革命派最大のスターであり、比類ない重鎮であった。

各省都督府代表連合会で新政権の姿を議論していたが、立憲体制のもとにおける大総統（プレジデント）制にするのか、それとも軍政府のもとでの大元帥制にするのか、意見は割れていた。当初、革命元勲の黎元洪か、それとも同盟会の黄興か、二人がとりざたされた。だが黎元洪は「庸劣懦夫《ようれつだふ》」（譚人鳳）と貶《けな》されたほどの凡人で、国家の未来を預けられなかった。黄興は、人がいいのか、孫文を差し置いて大元帥になることはできないと辞退した。

孫文の帰国と中華民国臨時大総統への就任

孫文は、同盟会内部での権威は失墜傾向にあったが、同盟会総理の名声は、混迷の都督府代表連合会では、燦然と輝いていた。帰国した十二月末、上海に乗り込んだ孫文は、臨時大総統選出の選挙で圧倒的多数を得て、初代の臨時大総統に就任した。こうして一九一二年一月一日、中華民国が誕生し、南京に孫文を臨時大総統とする臨時革命政府が誕生した。

孫文は、同盟会では苦渋をなめていたが、辛亥革命のおかげで一気に革命英雄の座を確保できたのである。孫文に叛旗を翻していた宋教仁も、法制局長として「臨時約法」（憲法の前段階）を作成し、一気に国民選挙、国会設立という立憲議会制度の道を主導した。

それは、孫文政権に協力しながらも、実は孫文への大きな裏切りであった。なぜなら、孫文の「三序」構想に反して、軍政、訓政の段階を一気に飛び越え、直ちに第三段階の憲政を実現させたからである。孫文は忌み嫌っていた国民の政治参加、議会政治を認めざるを得なかった。

テロリズムに参加した陳独秀、蔡元培

中国同盟会に加入しなかった陳独秀は、一九〇五〜一一年の中華民国誕生に至る激動期、どのような活動をしていたのであろうか。

三つの出来事が、この時代の陳独秀を変えていった。

①テロリズム「暗殺団」への関与。

②二年にわたる日本留学。外国語のマスターと「亜州和親会」への入会。

③妻の妹との駆け落ち事件。故郷の安徽を棄てて浙江省杭州へ出奔した。

拒俄運動が発展して軍国民教育会を組織し、具体的な反清朝打倒の革命運動が本格化した。そして暗殺団を組織した。

軍国民教育会とテロリズムの関係については、メンバーの蘇鵬《そほう》が次のように回憶している。

ロシア・虚無党を真似て、暗殺を実行せんとした。名づけて「軍国民教育会」という。本部を東京に設け、黄瑾午〔興〕、湯篤生《ようとくせい》、陳天華、劉禺生、蒯若木《かいじゃくもく》、張溥泉〔継〕、何海樵《かかいしょう》、王偉丞《おういじょう》、広東の胡君（名を忘れた）と私が中心だった。支部を上海に設けて、蔡孑民《けつみん》［元培］、呉稚暉、章行厳［士釗］、劉申叔［師培］、趙百先［声］、呉樾、徐錫麟、于右任らが中心であった。愛国女校を機関とした。後に呉樾が天津《［ママ］》で五大臣を狙撃したのも、また徐錫麟が安徽で恩銘巡撫を刺殺したのも、すべて軍国民教育会が実行した政策であった。

そうそうたる人物の名前が連なっている。蔡元培は愛国女校校長で、光復会の前身である愛国学社を設立した革命派重鎮である。蔡元培は暗殺団に関与していたことを隠さない。

　私は三十六歳になってから、革命工作に参加することを決意した。そこで、革命には二つの道しかないことを知った。一つは暴動であり、一つは暗殺である。愛国学社は、つとめて軍事訓練を助成し、暴動の種子をまこうとした。また暗殺は女性の方が適しているので、愛国女校で、暗殺の種子をまこうと準備した。

当時、陳独秀は蕪湖で『安徽俗話報』の編集、出版に汗を流していたが、章士釗に招かれて上海へ向かい、そこで蔡元培らの爆薬づくりに加わった。蔡元培が亡くなった時の追悼文で、次のように述べている。

私が蔡先生と最初に仕事をしたのは清朝の光緒末年である。その時、楊篤生、何海樵、章行厳が爆薬づくりを学んで暗殺を謀るための組織をおこしていた。行厳が手紙をよこして私を招いたので、私は安徽から上海に行き、その組織に加入したのである。上海にいた一カ月余り、毎日楊篤生、鍾憲鬯《しょうけんちょう》が爆薬を試験した。この時、孑民先生もまた常に試験室に来て、爆薬づくりを学んだり、談合した。

北京大学で改革を一緒に進めた蔡元培

民国期に入ると、北京大学の改革のために、蔡元培と陳独秀はタッグを組んで奮闘努力するが、こうした教育界の巨頭も、以前は暗殺団のテロリズムに関わっていたのである。

とはいえ、深くは関わっていない。その思いは、安徽出身の呉樾が受け継いで「暗殺時代」を著し、テロルを実行した。

叛乱軍を組織して辺境軍事蜂起を画策してきた孫文は、こうしたテロリズムに関心を示していない。それでも片腕の汪精衛が清朝摂政王・載灃《さいほう》暗殺を企てた。胡漢民への手紙でテロの決意を次のように語っている。

暗殺実行のこと、前年以来、胸に蓄えていた。今日に至り、千回万転、遂に実行への決意が固まった。まさに命を捧げて革命の薪《たきぎ》となることを願うだけである。

釜をゆでるには火を燃やす薪が必要である。革命を燃え上がらせるには、薪になるテロが必要であるという論理であった。載灃暗殺に失敗した汪精衛は逮捕されたが、幸いなことに死刑だけは免れ、辛亥革命が勃発すると解放された。もし汪精衛が処刑されていたら、中華民国の歴史も塗り替えられていたかもしれない。

孫文は革命スポンサーを求めて奔走

中国近代の革命運動を調べていると、各地を奔走する革命家は、どうやって糊口《ここう》を凌《しの》いでいたのだろうかと、不思議に思うことが多い。孫文は十年以上にわたる日本滞在期間、流浪の革命家らしく、確固とした定収が見込まれる職業に就いた形跡はない。では、何で生活費を確保していたのであろうか。明らかに、事業に成功した日本や南洋の華僑から革命資金を調達し、同時に日本人の支援者から義金を受け取っていた。とはいえ、日本での活動を支えていた宮崎滔天などは、これまた浪曲師などをして、明らかにアウトロー的生活であった。滔天自身、いつも金欠病で孫文を支援する余裕はない。だから滔天は孫文の革命活動に金銭的支援をしてくれるお金持ち、あるいは政治家を探し出し、孫文スポンサーを見つけなければならなかった。

では、危険な叛逆者である孫文を支援する価値はどこにあっただろうか。外国で成功した華僑から見れば、異民族支配を駆逐するという孫文の革命理念に共感して、その夢に期待を託すことはあっただろう。だが、日本人にとって、孫文の存在価値、利用価値は何だっただろうか。

美しくいえば、孫文の共和革命という近代革命思想に憧れて、その革命理念に共感したことが、日本における支援の輪を広げたという。しかし、それほど美談で語れないのが革命運動である。宮崎滔天は九州熊本の出身者である。孫文を九州に連れて回り、スポンサーになりそうな連中に紹介している。その多くは、九州の炭鉱主であり、その一人が長崎の渡邉元《わたなべはじめ》であった。渡邉元の伝記（『草莽のヒーロー――「無名の英雄・渡邉元」と東アジアの革命家』）を出版した関係で、そのあたりの事情には少し詳しい。そこで次のように記した。

「［一八九七年秋に孫文と九州を回った旅行の］目的の一つに、九州の炭鉱主と知り合い、革命の支援者を確保したいという下心もあったに違いない。福岡、佐賀、長崎には日本有数の炭鉱があり、一山当《ひとやま》てた炭鉱主がごろごろしていた。渡邉元もその一人であるが、彼等は山師的なところがあり、大陸経営に大きな関心を抱いていた。同時に義侠心も絡まって、それ以後の孫逸仙活動に資金援助した炭鉱主が少なくなかった。宮崎滔天はそうした炭鉱主を自らのスポンサーとしていたから、彼等を孫逸仙に紹介したかったのだ」。

一八九七年秋、宮崎滔天は孫文を連れて長崎の渡邉元の別荘に泊まっている。彼も松島炭鉱を経営していた。また中国での炭鉱経営に携わりたいとの希望を述べていた。もし、孫文革命が成功して天下を掌握すれば、その伝手《つて》で中国における炭鉱経営の夢が実現する。支援には、こうした打算もあっただろう。実際は、炭鉱経営に失敗して、その夢は実現できなかった。宮崎滔天は渡邉元を「無名の英雄」と評している。陰で亡命中の韓国開化派・金玉均《きんぎょくきん》を支援したりしたからである。実は、宮崎滔天自身も渡邉元に金銭的なお世話になっていた。

孫文が伝記的回想で、多くの日本人協力者の名前を挙げて、感謝している。そのなかの一人である恵州起義での金銭支援をした中野徳次郎もまた福岡の炭鉱主である。名前が挙がっている安川敬一郎は、平岡浩太郎らと福岡で各種の炭鉱開発に成功した。平岡浩太郎は政治結社・玄洋社を結成し、衆議院議員でもあった。孫文の亡命に活動費や生活費を支援した。犬養毅が平岡浩太郎へ孫文の生活費の面倒を見るように依頼し、一年間にわたって毎月の「薪水《しんすい》」を与えたという記録はある。

時代は下るが、第二革命に失敗して日本に亡命して中華革命党を結成した時期、孫文は下関の造船業で成功した田中隆に会っている。古川薫『海と西洋館』が参考になる。田中隆が建設した海を臨む西洋館が下関市長府に残っており、長府で少年期を過ごした私はそこでよく遊んだ。それはどうでもいいことであるが、孫文は金持ちと見れば、資金援助を頼んだ形跡が濃厚である。活動写真業で金持ちとなった梅屋庄吉が孫文を援助したことは有名である。こうした資金をもとに、孫文は亡命生活と辺境蜂起に多額な金をつぎ込んだのであろう。

陳独秀——「安徽公学」で教員に

さて、陳独秀は『安徽俗話報』の出版資金をどのように捻出したのか、詳しくは分からない。一九〇四年秋、暗殺団活動に呼ばれて、一カ月ほど上海に出て、蔡元培と一緒に例の爆薬づくりに参加している。だがすぐに蕪湖に戻り、俗話報の活動に復帰している。この冬、陳独秀は李光炯の「安徽公学」に招かれて、教員となった。もともと長沙《ちょうさ》で「安徽旅湘公学」として設立され、黄興や趙声、張継らが参加した革命派の学校であった。それが蕪湖に移って「安徽公学」として、同じような革命教育を進めた。そこには、陳独秀以外に光復会系の劉師培、陶成章らが教壇に立ち、安徽革命の拠点となった。

ここで、教師としての職を得たが、一種の「革命学校」であり、はたして糊口を凌ぐほどの給与を得ていたのであろうか。もうすでに結婚しており、安慶の郷里には妻と四人の子供を残していた。実家は地元の名家であって、その家族の生活、養育は問題がなかったであろう。しかし、「単身赴任」の蕪湖では、出版事業（一九〇五年九月に停刊）後には岳王会の政治運動を始めた。親友の高語罕《こうごかん》によれば、

［陳独秀は］行李《こうり》を背負って、一本の傘を抱え、江淮南北を歩き回り、革命同志を物色した。

淮河南岸にある寿《じゅ》県（安徽省淮南市）では、初めて孫毓筠《そんいくいん》にあった。孫毓筠は同盟会に参加し、新軍起義で投獄され、終身刑となった。しかし辛亥革命で自由を回復して、初代の安徽省都督（安慶）に就任した。この時、陳独秀を都督府秘書長として招聘したのが孫毓筠であった。残念ながら孫毓筠は人望がなく、混迷した安徽情勢をまとめきれず、今度は陳独秀が旧友の柏文蔚を安徽都督に招いて、辛亥安徽革命を進めたのである。陳独秀が

安徽革命へデビューするきっかけは孫毓筠であり、ある意味で岳王会活動の成果であった。

東京で中国同盟会が設立された一九〇五年、安徽では岳王会が組織されたが、陳独秀は武装蜂起にあまり関心を示していない。安徽公学で国文教師を務め、安徽尚志学堂、皖江《かんこう》中学などで教鞭をとった。活動は教壇活動が中心であった。一九〇六年、徽州公学で「監学」のポストに就任して、教育、地理、日本語の教師を務めた。翌年、親友の蘇曼殊が劉師培の招きで皖江中学に赴任し、この夏休みを利用して陳独秀と蘇曼殊の二人は日本へ遊覧の旅に出た。これは留学ではなく、観光である。作品として詩歌が残っているだけである。中国に戻って皖江中学で教えているので、この中学が教育拠点であった。

東京への二年間の留学

一九〇七年春、陳独秀は中国を離れて日本に留学した。翌年秋にいったん戻るが年末には再び日本へ渡り、一九〇九年九月まで、日本に留学した。実質、二年にわたる長期留学である。いろいろな理由を付けられるが、革命派志士が結集した安徽公学や皖江中学、そして岳王会への弾圧が激しくなって、陳独秀は革命の前線からの一時逃亡であった。だが、この二年間の日本滞在は、じっくりと西欧啓蒙思想を学び直す好機となって、陳独秀を思想家として育てることに大きく貢献した。

東京へ現れた陳独秀は、外国語研修へ没頭した。東京では正則《せいそく》英語学校に入って、英語の研鑽に励んだ。同校の英語教科書をもとに、陳独秀も『模範英文教本』四冊を編纂したほどである。東京では蘇曼殊と同室の生活をおくった。二年間も同盟会誕生の東京で暮らしながら、孫文とは一切接触を持たなかった。よほど孫文嫌いだったのかもしれない。まさに「会わず嫌い」で、珍しい存在である。ただ、『民報』主筆の章炳麟とは旧知の仲であり、『民報』本部を訪れて、章炳麟と学問的議論をしている記録はあるが、同盟会には関心を示さなかった。

英語のマスターは、西欧啓蒙思想の学習にとって有益であると見なしたからであろう。日本を通して徐々に西欧民主主義者となる学問を身につけはじめた。英語と同時にフランス語もまた身につけたと思われる。胡適によれば、陳独秀は英語とフランス語が読めたという。日本生まれの蘇曼殊は、語学の達人・陳独秀から漢文、英語、仏語を学んだという(柳亜子)。

いったん帰国し、一九〇八年末には再び東京へ戻り、神田猿楽町の清寿館に蘇曼殊と住んだ。

曼殊は仲甫から詩文を学んだ。だから曼殊の文字は仲甫にそっくりである。曼殊の

詩は似ているだけでなく、多くは仲甫が手を加え、改変した。仲甫は曼殊に英文、梵《ぼん》文《ぶん》を教え、毎日が大変だった。（何之瑜）

章炳麟の「亜州和親会」に参加

そして、この時期、特記すべきことは章炳麟を中心とする政治団体「亜州和親会」へ参加したことである。清朝打倒の同盟会とは、かなり宗旨を異にしていた。アジア各民族は西欧帝国主義のアジア侵略に反対する連合戦線を築こうというものである。ではアジアの共通性とはなにか。文化的宗教的共通性が強調されている。単なるアジア主義ではない。

アジア州諸国は、インドにシャカ、シャンカラの教えがあり、中国に孔孟・老荘・楊子の学があり、さらにはペルシャにまた光明を崇拝するザラトゥシュトラがあり、種族は自ら誇りを持ち、侵略されることはなかった。〔……〕百余年来、ヨーロッパ人が東方に進出して、アジア州の勢いは日に日に衰えた。〔……〕インドがまず亡び、中国が満州に滅ぼされ、マラヤの諸種族も白人の所有となり、ヴェトナム、ビルマも続いて蚕食《さんしょく》され、フィリピンがはじめスペインに征服され、中途で独立したが、またアメリカ人に併合された。

我われはこの事実にかんがみ、亜州和親会を創建して、帝国主義に反対し、自ら我が民族を守る。［……］東方、南方が結集し支援し合って、束ねた葦のように強固な勢いとなり、多数の種族の同盟を結んで、隔絶した旧来の友好を回復する。それによってわがバラモン教、仏教、孔子・老子の教を振興し、慈悲惻隠《そくいん》につとめて、西方の奴隷の偽道徳を排斥し、［……］無分別の学［仏教］が形而下の学に屈服せぬようにする。

（「亜州和親会約書」）

当時、このような反帝民族主義を掲げた組織は他に類を見ない（嵯峨隆）といわれる。インド人、ビルマ人、フィリピン人、そして日本の社会主義者が参加した。中国人は章炳麟、張継、劉師培、何震《かしん》（劉師培の妻）、蘇曼殊、陳独秀らで、日本人は幸徳秋水、山川均、大杉栄など著名な社会主義者、アナキストが参加した。排満思想が渦巻く時期にあって、特異な結社であった。陳独秀は、このインターナショナルな反帝国主義的団結、そしてそれを繋ぐ共通価値としてアジア文化・宗教に何を見出したのだろうか。陳独秀は東京留学に当たって、一方で外来の西欧啓蒙思想を学ぶとともに、国学の学習も怠っていない。蘇曼殊が英文「梵文典」を翻訳した時、全面的に陳独秀が翻訳を手伝っている。だとすれば、社会主義者やアナキストだけでなく、国学大師といわれた篤学な章炳麟のインターナショナルな関心に思いを寄せたのであろう。

革命家を支える女たち

ここで少し二人をめぐる女性の話をしよう。革命家にとっては、生死がかかった厳しい環境に置かれることが多い。反体制の叛逆者であるから、逃亡生活も含めて、日常の環境は決して楽しいものではない。殺害される危険は、つねにつきまとっている。

だから、その活動に妻を連れ回すのは、過酷である。多くの活動家は、妻を郷里に残して、そこで息子や母親、父親の面倒を見させている。また当時の婚姻は伝統的風習に従って家柄のつり合いが大切で、本人たちの自由恋愛とは程遠かった。妻は、夫の革命思想、政治活動にまったく関心を示さないケースが多かった。夫は妻子を自宅に置き、妻も家庭を守った。

ということは、革命運動で各地をさまよっている間、そばには妻がいないということである。言い換えれば女がいないということである。精力絶倫、意気軒昂な男性にとって、これは由々しきことである。「英雄色を好む」のであれば、色はつねにまわりにいなければならないからだ。選択肢は二つである。

①行動を共にしてくれる妾をつくって、彼女と一緒に革命運動を進めていく。あるいは、各地に現地妻らしき人物を次々とつくって、革命家の緊張するひと時を慰めてもらう。②郷里を離れ、夫の活動に同行し、時には一緒に革命運動を担っていく、いわば同志としての女性と一緒になる。

孫文は①のケースであった。陳独秀は②のケースであった。共通している点は、二人とも、郷里に最初の妻を残していたということである。

陳独秀の駆け落ち

一九〇九年九月、陳独秀は日本から帰国した。そこで妻の高暁嵐《こうぎょうらん》の異母妹である高君曼《こうくんまん》と恋仲になってしまったのである。高暁嵐と高君曼はまったく対照的な性格であった。姉の高暁嵐は良妻賢母であって賢夫人そのものであった。政治や新しい時代への期待に関心を持たず、ひたすら家庭を守っていた。蕪湖の陳独秀についていくことはなかった。『安徽俗話報』で封建的しがらみから女性の解放を唱えた陳独秀であったが、自分の妻はそうした新しい女性像へ関心を示さなかった。陳独秀が科挙試験の「秀才」に合格した時、親が決めて嫁いできた伝統的女性であった。まさに「自由恋愛」とは遠い存在であった。陳独秀は、主義と現実のギャップに悩んでいたのであろう。

それに比べ、妹の高君曼は自由奔放であった。纏足もせず、早くから塾の門をたたき、北京女子師範で学んだ現代女性であった。故郷に戻った陳独秀は、日本で受けた新しい社会の理想、新しい女性の姿を熱っぽく語ったことであろう。その情熱に応えたのが高君曼であった。二人は意気投合したのである。だが、二人にとっては「禁じられた恋」である。そうであっても若い二人の燃え上がった情熱は消すことができず、二人は故郷を棄てて、駆け落ちという非常手段に出たのである。

陳独秀は、女性解放の主張を忠実に実行したということになろうか。高君曼はその後の辛亥革命期、新文化運動期、北京大学期、共産党設立期にわたって絶頂期の陳独秀を支えた。しかし一九二五年に別居し、高君曼は貧困のなかで亡くなった。

陳独秀と高君曼の離別について、いとこの濮清泉《ぼくせいせん》は、次のように述べている。

はじめは感情も解けあって、二人の仲は非常にうまくいっていた。だがいかんせん、陳には殿様の病［好色］があって、北京ではいつも八大胡同［妓院］に通った。高君曼は憤然として言い争い、喧嘩が絶えず、最後には別居を宣言して、二人の仲は決裂した。高君曼は陳独秀を「恥知らずの徒」と叱責し、陳は高を「資本主義」と罵った。

これが事実であれば、どう見ても陳独秀の方の分が悪い。

陳独秀の息子たち

残された高暁嵐は懐寧の自宅を守って、長男の陳延年《えんねん》、次男の陳喬年《きょうねん》、三男の陳松年《しょうねん》を育てた。その後、延年、喬年の二人は故郷を離れ、上海で「思想界の明星」となった陳独秀と継母の高君曼のもとに移った。二人とも共産党幹部となった。しかし決して「親の七光り」ではなかったといわれる。父からの自立を目指してアナキストが組織した「勤工倹学」（働きながら学ぶ）運動でフランスに留学し、自立を目指した。「勤工倹学」運動でフランスなどヨーロッパに来ていた周恩来《しゅうおんらい》、鄧小平《とうしょうへい》、李立三《りりつさん》、蔡和森《さいわしん》、王若飛《おうじゃくひ》、趙世炎《ちょうせいえん》、鄭《てい》超麟《ちょうりん》などは、いずれも共産党幹部になった連中である。

周恩来の服装はとても清潔で、パリッとしていて、ブルジョアのようであったが、陳延年は我われと同じように、まるで労働者のようであった。（鄭超麟）

陳延年は一時アナキストとなって、父親の陳独秀を批判したほどである。しかしマルクス主義者に変わって、モスクワの東方大学（アジアからの留学生教育機関）に入った。そこでコミンテルンの洗礼を受けた。二人は国共合作の崩壊で、不幸なことに国民党政府に逮捕され、処刑された。

政治活動をしなかった松年は、陳独秀の死を四川江津（抗日戦争中の陪都・重慶郊外）で見とどけた。母の高暁嵐が棄てられたはずの陳独秀と一緒に同じお墓に入れてほしいと遺言したことから、最初の江津のお墓にも、また安慶に移した「陳独秀先生之墓」にも、高暁嵐が一緒に眠っている。正妻としての意地であろうか。

孫文——嫌々ながらの結婚

陳独秀の女性遍歴を見たが、この時期の孫文も郷里の翠亨村を離れて、日本に亡命し、辺境革命を指揮した。妻を郷里に残し、革命運動期間、そばで孫文を支えたのは別の女性であった。若い女性に手を出す好色は、孫文の方がお盛んであった。

革命家には共通した悩みがある。革命運動は故郷を離れて全国を、そして海外にまで駆け巡らなければならない。妻にとってはいい迷惑であって、身の危険も顧みず夢を追っかけている夫と一緒に行動できない。故郷の家を守って、子供を安全に育てなければならない。妻と離れて革命の道をまっしぐらに進む革命家もまた、独り身で過ごすことに寂しさを感じるのは当然である。身の回りの世話をし、明日は死ぬかもしれない不安な心を慰めてくれる女性を求めるのも、しごく自然なことであった。

孫文の正妻は、翠亭の自宅に残した盧慕貞《ろぼてい》である。陳独秀の高暁嵐と同じように、自分の意思とは関係なく、結婚させられた。孫文から聞き取ったラインバーガーの孫文伝には、次のように記されている。

この婚姻は中国の旧い因習に沿ったものであり、両親がセットしたものである。［……］中山は結婚してはじめて盧慕貞の顔をみた。中山は革命運動に従事しようと考えていたから、自分自身の将来は不安定であり、結婚を望んでいなかった。またホノルルに行った後は、西洋の自由結婚の思想に染まっていたから、彼の意見と中国の旧い慣習とは合わなかった。しかし、父母の儒教的因習に従わざるを得ず、個人的理想は実現しなかった。

「革命妻」陳粹芬

盧慕貞も政治的関心は薄く、孫文の革命運動にあまり関心を見せず、革命運動について同行することはなかった。だから長い日本での亡命期間中には一緒に生活することはなかった。では、孫文はひとり寂しく亡命生活や革命運動を担ったのであろうか。そうではない。革命運動に同行し、ちゃんとそばで孫文を支えた女性がいたのである。

孫文の妻としては、宋慶齢《そうけいれい》が有名である。孫文は一九一五年十月、盧慕貞と離婚して若い宋慶齢と日本で結婚したことになっている。宋慶齢は孫文に寄り添って、二五年に死ぬまで十年間の行動を共にしている。宋慶齢は二度目の妻ということになるが、実は、革命運動を支えた実質的な二番目の妻がいた。陳粋芬《ちんすいふん》である。家を守って孫科《そんか》（太子として国民党の幹部となる）を育てた盧慕貞、革命運動に同行して孫文の身の回りを世話した陳粋芬という二人の妻がいた。正妻は盧慕貞であるから、陳粋芬は「侍妾《じしょう》」であった。しかし革命同志の間では、陳粋芬が孫文の「革命妻」であることは公然として知られていた。

宮崎滔天は東京で生活を共にしていた陳粋芬を、妻である宮崎つち子に次のように語ったという。

　孫さんの身のまわりを世話しとった同志の支那婦人はどうして仲々豪傑バイ。

ヴェトナムとの国境にある鎮南関での蜂起は、孫文が一度だけ戦闘現場に参加した稀有な起義であるが、その準備を進めたハノイで、陳粋芬は同志としても活動していた。鎮南関起義に同行した日本人の池亨吉《いけこうきち》は、陳粋芬を孫文の「令室」「内室」として表現し、かいがいしく働く彼女を讃えている。革命運動の記録を多くまとめてきた馮自由《ひょうじゆう》の『革命逸史』によれば、孫文の「夫人」と評されている。

陳夫人瑞芬［ここでは粋芬ではなく瑞芬となっている。……］総理［孫文］が日本やヴェトナム、南洋にいた時、陳夫人はいつも同志の仲を取り持ちながら、炊事洗濯の面倒を見た。とてもよく働き、同志はその賢を讃えた。

中華民国の誕生で孫文が臨時大総統に就任した。革命家から一国のトップに上りつめると、晴れがましいファースト・レディにはふさわしくないと、陳粋芬は身を引いた。しかし、それまでの二十年間は、盧慕貞に代わって、実質的な「糟糠《そうこう》の妻」であった。興味深いのは、その後、宋慶齢に妻の座を奪われた盧慕貞と陳粋芬は仲良く交流を続けたことだ。一緒に写真にもおさまっている。正妻と侍妾の関係は、互いが認め合っていたのであろう。アメリカで教育を受けたキリスト教徒の宋慶齢にとってみれば、妻の外に二号、三号さんがいるのは耐えられなかったであろう。

マカオに住んだ盧慕貞を「澳門《マカオ》婆」、革命に同行した陳粋芬を「南洋婆」、そして若い宋慶齢を「上海婆」と呼ぶ人もいる。

孫文の女は三人だけでない。日本亡命中には若い未成年だった浅田ハルや大月薫《かおる》を日本妻とし、一九〇六年には大月薫との間に子供をもうけたほどである。

「英雄色を好む」の一言で済ますことができるのか。それとも身の危険を故郷に残した家族に及ぼさないため、止むを得ず別に「革命妻」を娶《めと》ったというべきであろうか。

陳独秀のつかの間の新婚生活

「愛の逃避行」で高君曼と駆け落ちした陳独秀は、一九〇九年末、浙江省の杭州に逃避し、そこで新しい生活の場を築いた。波乱万丈な陳独秀の生活のなかでは、比較的穏やかな生活をエンジョイできた。蘇曼殊への手紙では、充実した新婚生活を伝えている。

　早朝に訪れる客もなく、新しい佳人を得て、莫愁を楽しんでいる。

杭州陸軍小学で歴史地理の教師として働いた。この時期、政治論文は発表されておらず、甲骨文の研究に取り組んだ。書法にも精力を注ぎ、穏やかに日々を過ごした。ここで、沈《ちん》尹默《いんもく》と知り合った。後に陳独秀は「新文化運動」を起して北京大学に招聘されたが、陳独秀を蔡元培校長へ推挙したのが沈尹默であった。

学術活動で穏やかな生活を楽しんでいた新婚の甘い世界が、一瞬にして忙しい政治世界に巻き込まれるようになったのは、辛亥革命の勃発であった。

第三章　中華民国の誕生

Welcome 袁世凱

辛亥革命の幕開きを伝える武昌起義が勃発したのは一九一一年十月十日であった。十が二つ続くので「双十節」と呼ぶ。孫文はその時、アメリカのコロラド州デンバーに滞在していた。十二日、ホテルで見た新聞で、はじめて蜂起の成功を知ったのである。

十二月二十一日、孫文は香港にやっと現れた。武昌起義から二カ月以上が経過していたのである。この孫文不在の間、革命運動は大きく進展と停滞を繰り返していた。湖北省に続いて中心部十八省のうち十四省が清朝から独立を宣言し、革命軍の都督府を樹立した。四川省は独立を取りやめたが、上海は独自に上海都督府を誕生させた。だが、清朝政府は漢人でありながら軍の重臣である北洋軍閥の袁世凱を内閣総理に任命して、革命軍の弾圧に乗り出した。辛亥革命の南北戦争が繰り広げられることとなった。

不幸なことに革命軍には、北京の清朝政府に攻め込んで、皇帝が住む紫禁城を奪うほどの独自の軍事力はなかった。革命軍の臨時総司令となった黄興であるが、前述したように、逆に武漢三鎮の漢口、漢陽を奪われて、上海に撤退するなど、戦局は芳《かんば》しくなかった。戦争中の十一月九日、黄興は敵将・袁世凱に手紙を送り、裏切りを持ちかけたほどである。

湖北省の起義に四方で呼応し、今日に至っては、長江の南と北に広がり、我が漢人が主権を回復したのは凡そ十一省。寡人政治の満州宮廷は既に瓦解している。あなたは、その二人といない威力を何のために奮闘させるのか。〔……〕ナポレオンやワシントンのような資格をもって出陣し、ナポレオンやワシントンのような功績をあげてほしい。〔……〕

唐突なお願いであるが、この可否をお決めください、「その際の」条件は何でしょうか。お示しください。

革命軍による天下統一のナポレオンやワシントンのようになって、革命側につくように要請したのである。袁世凱が革命側につくのであれば、臨時大総統の座を用意すると約束したほどである。まるで「Welcome 袁世凱さま！」である。

黄興から汪精衛への手紙には、次のようにある。

項城［袁世凱］の雄才英略はもとより全国が重く認めるものである。すべての大局をみれば、民軍［革命軍］と一致した行動をとり、迅速に満清政府を打倒すべきである。［……］中華民国大統領として項城を推挙することは、まったく疑いないところだ。

同盟会の黄興にとっては、領袖である総理・孫文を初代の大総統に迎えるべきであるが、戦局は芳しくないから、袁世凱に大総統のポストをちらつかせながら、懐柔を始めたのである。袁世凱もまんざらではない。こうして戦争で決着をつけるのではなく、話し合いで合意点を探ることになった。まもなく双方から使者が派遣された「南北議和」が始まった。

袁世凱を味方にして清朝打倒、中華民国設立のプログラムを急ごうとする動きについて、茅家琦《ぼうかき》等著『孫中山評伝』は次のように理解している。

「「袁世凱が反正［裏切り］すれば、ただちに総統に推挙する」ということは、すでに天真爛漫な革命党の連中には普遍した心情であった。［……］十二月二日、［議和会議の］代表会議で「もし袁世凱が反正すれば、袁世凱を臨時政府の大総統に推挙する」と正式に決定した。袁世凱は当然ながら非常に喜んで、南北議和の正式開設を決定した。十二月七日、唐紹儀《とうしょうぎ》を北方議和代表に任じて南下させた」。

中華民国臨時大総統のポストは、早くから袁世凱に開けられており、申し訳ないが孫文はそれまでの繋ぎにすぎなかったのである。

孫文「私以外にいない」

軍事的には苦慮していたが、政治的には革命派の進展が見えた。独立した各都督府の代表が集まって、統一した新政府設立の協議を開始したからである。「各省都督府代表連合会」である。そして、満州族支配を追い払うだけでなく、皇帝専制の王朝体制を終わらせ、新しい共和国家としての中華民国の設立を目指した。しかし立憲議会制の大統領制度にするか、革命軍独裁の大元帥制度にするのか、意見は分かれていた。こうした政治的軍事的な混迷を深めていた時期、二カ月以上も中国を留守にしていた孫文が、やっと香港に現れたのである。

香港で出迎えたのは、同盟会でも旧興中会系（広東系）の胡漢民（広東都督）、廖仲愷、陳炯明《ちんけいめい》、陳少白らであった。中国人たちだけでなく、宮崎滔天や池亨吉ら日本人協力者も孫文を出迎えた。胡漢民ら側近は、遅れてやってきた孫文を、ただちに各省都督府代表連合会へ送り込むことをためらった。独立した各省は、同盟会系の革命派都督ばかりでなく、二カ月も姿を現さなかった孫文に対して、違和感を抱く連中も多いと心配したのである。また大総統に選ばれたとしても、清朝側との交渉で苦労するだけであると気遣った。だから、少し広東に留まって様子を見ようと進言した。ところが孫文の返事は、自ら現場に乗り込むということであった。孫文は胡漢民らに次のように答えた。

私が上海、南京に行かなければ、誰もこの難局をコントロールできなくなる。だから私は行くのだ。

各省都督府代表連合会で各派の調整に苦労している黄興では事態の解決はできず、解決できるのは自分をおいて他にいないという自信である。この傲慢不遜ともいうべき態度に、皆は返す言葉がなかった。結局、下船せずにそのまま胡漢民を連れて上海に向かい、南京で開催された代表連合会に乗り込んだ。

ナンバーツー黄興

いつもナンバーワンは孫文であり、ナンバーツーが黄興であった。しかし孫文は外国から指示を出し、中国で闘うのは黄興であった。それにもかかわらず、黄興の評価が低すぎ

いつもナンバーツーの黄興

る。それは後の国民党評価がそうさせた。『黄興集』二巻を編集した劉泱泱《りゅうようよう》の「前言」によれば、「揚孫抑黄」（孫文を称讃し、黄興評価を抑える）の流れが確定し、それは「不公平」だという。劉泱泱の孫文評価は厳しい。

「［孫文は］一八九五年十月の広州起義に失敗した後、海外に逃亡した。それから一九一一年十月武昌起義の勝利まで十六年間、帰国したのはたった二回で、それも滞在日数は合計九日に過ぎない。最初は一九〇〇年八月上海に来て自立軍起義を画策したが、四日いただけである。次は一九〇七年十二月、黄興と一緒にヴェトナムから鎮南関に入り、鎮南関起義を指揮した。いたのは五日だけである。この十六年間、まさに辛亥革命の醸成、発動、高潮、そして成功に至る十六年間の全過程において、孫中山の歴史における偉大さは限られている」。

現地にいて革命を指導した黄興や同志たち、「国内における艱難辛苦の奮闘」こそが、より讃えられるべきである、という。ところが「天には二つの太陽がなく、人には二人の指導者はいらない」という伝統思想に侵されて、孫文一人が持ち上げられた。「開国二傑」

の一人である黄興は、孫文の陰に消されてしまったという。

確かに劉泱泱の見方は正論である。だが現実の政治世界では、孫文のカリスマ性が黄興を凌駕していた。自己顕示欲が強かった孫文に対し、二人を比較すれば黄興の方が謙虚であった。決定的な違いは、孫文はオリジナルな革命思想を創案し、革命を思想的にもリードしていったが、軍事に功績があったとしても黄興にはそうした理論的魅力は欠けていた。この差は大きかった。

新政府は財政難

帰国したばかりの孫文であったが、孫文の迫力に押されたのか、十七省の代表が集まった代表連合会の投票で、孫文に圧倒的賛成票（十六票）が流れ、初代の臨時大総統に選ばれた。選挙は十二月二十九日に実施された。孫文が上海に現れたのは四日前の二十五日であったから、驚くほどの短期間で、あっという間に決着がついた。そして三日後の一九一二年一月一日、南京で中華民国の誕生が宣言され、臨時政府の大総統府で孫文が臨時大総統に就任した。ある意味、辛亥革命では何もしなかったにもかかわらず、その果実だけを得たのである。だが果実は甘くはなかった。革命の先駆者・孫文にとって、それは夢見てきた栄光の始まりではなく、逆に苦難、挫折の始まりであった。

南京臨時政府は一九一二年一月一日という区切りのよい日に誕生させたが、一方的な軍事的勝利によって成立したものではなかった。革命派は軍事資金に欠け、戦闘能力は激減していた。清朝軍との膠着した戦線は打破の展望を見出せなかった。このため、すでに十二月十八日からは袁世凱側との「南北和議」交渉が始まっていたのだ。孫文が臨時大総統に選ばれたが、すでに一時的ポストであって、袁世凱に譲って、統一された強力な政権の誕生が期待されていた。栄光はすぐに消えると分かっていたから、喜んでいいのかどうか、孫文はとまどったことだろう。

臨時革命政府の財政難は相当に深刻であった。孫文たちは三井物産から革命政府への借款を希望し、交渉にあたっていた森恪《もりつとむ》の手紙によれば、革命政府は次のような苦境に追い込まれていた。

最近革命政府の財政窮乏の極に達し、最早軍隊に供給すべき財源なく、全く破産の域に達せり、万一此の数日の間に焦眉の急を救うに足る資金なければ多分軍隊は解散し革命政府は瓦解する運命に遭遇す［……］

ちょっとオーバーな表現であるが、現実もこの悲惨な窮乏状況に近かったであろう。結局、南北交渉で、袁世凱が清朝皇帝の退位を約束し、孫文に代わって袁世凱が臨時大総統職を引き継ぐことが諒承され、政権交代にともなう清朝の終焉、中華民国による全国統一が実現した。決められた結果であったが、それを逆転できず、孫文の完全敗北である。

立憲議会制と孫文「三序」構想

孫文の次の敗北は、念願の革命軍による軍政府独裁構想を実現できなかったことである。孫文は革命方略としての「三序」構想で、最初の段階は軍政府を樹立し、革命軍独裁による新国家建設を主張していた。憲法を制定し、国民選挙で国会、大総統を選出するという立憲議会制度は、時間をかけた第三段階の「憲法の治」で実現させるという三段階革命の主張であった。

ところが、中華民国を誕生させた各省都督府代表連合会は、孫文がいない間に、立憲議会制度の導入を決定していた。代表連合会で決定された「中華民国臨時政府大綱」は、アメリカ大統領制を真似たものであった。立憲議会制度の主唱者である宋教仁は孫文を裏切って、革命後の法制局長として憲法制定への初期段階である「臨時約法」を制定した。その国家体制は、立憲議会制の多党競合政治であった。宋教仁は、武昌起義の直後にも、武昌に乗り込んで、立憲派の湯化龍《とうかりゅう》と一緒に「中華民国鄂州臨時約法」（湖北省の省憲法）を作成していた。日本への留学で立憲議会制度を学んでいた宋教仁は、中国でも立憲議会制の早期実現を目指していたのである。

このため、総選挙に向けて、革命蜂起を担ってきた革命的軍事組織であった同盟会を解散させ、選挙で争う議会政党に生まれ変わらせなければならなかった。同盟会に代わって議会政党である「国民党」(後の「中国国民党」とは異なる)が誕生した。総選挙で国民党は第一党となったが、明らかに孫文の「三序」構想が無視され、早期の議会政治が実現した。選挙の結果、行政府は袁世凱政権、立法府は野党の国民党が袁世凱系の与党である共和党や統一党を超える議席を確保するというねじれ状態になった。議会制民主主義によって、最初から議会による政府牽制体制が現れた。

この状態は袁世凱にとって、自分たちの足を縛る厄介なもので、野党主導の「議会専制」と映ったのである。実は、軍政府が自由に権力を振るえる軍政段階を主張していた孫文も、「議会専制」を恐れていたのである。

孫文の宋教仁批判

では、孫文は革命直後の国会設立、総選挙を批判していたか。自己の「三序」構想には違反するが、議会政党としての国民党の結成、選挙戦に対して、次のように賛同している。

「政党内閣の」政見は支持されることもあれば、見捨てられる場合もある。野党に退けば他党に執政を任せ、それをチェックするところとなる。お互いが切磋琢磨し、こうして政治が日々向上することとなる。

（「国民党宣言」）

まるで多党競合政治のよさをアピールしているようだ。臨時大総統という座に祭り上げられた孫文は、実質的に宋教仁が主導する立憲議会制に反対できなかったのである。孫文構想とは遠く離れていたこともあって、議会制導入手続きには、孫文は蚊帳《かや》の外に置かれ、口出しできなかった。後に孫文は、建国直後の状況を「間違っていた」と非難している。俺が悪いのではなく、まわりが悪かったと。実質的には早い民主国家の創出を夢見た宋教仁批判である。

民国創建の初め、私は極力、「同盟会の」革命方略を施行して革命と建設の目的を達成し、三民主義を実行するように主張した。ところが、我が党人の多くは躍起となって、これに反対した。再三再四、彼らを説得し討議したが、結局、何の効果もなかった。

後になっては何ともいえる。名前は出さないが、明らかに宋教仁批判である。要は孫文の「三序」構想は否定されたのである。「再三再四、彼らを説得した」とあるが、その形跡はない。上述したように、選挙で多数政党が争うことを「政治的向上」に貢献すると、宋教仁路線を自ら肯定している。孫文は議会政党の国民党結成に参加しており、選挙当時は、議会選挙に賛同している。自らの思想を裏切っているが、時代の流れに、孫文といえども逆らえなかったのである。

革命後の新政府は、孫文が主張してきた軍政府を樹立して大元帥による軍事独裁政権からスタートすべきであるという主張と、国民選挙で選ばれた議員が国会を組織し、その議会の権限のもとで内閣総理を選ぶ議院内閣制をとるべきであるという主張が対立した。こうした議院内閣制は、大総統や総理の権限を著しく制限するもので、孫文は「議院専制」と批判していた。革命後の混乱期は、民主的制限が加えられない大元帥の独裁的英断が、新しい時代を切り開くには必要であると見なしていた。

ところが「臨時約法」作成の時期には、すでに臨時大総統のポストは袁世凱に譲ることが決まっていた。孫文に代わって袁世凱が中華民国の最高統治者へ就任すると、独裁志向が高まることは明らかであった。だからその前に「臨時約法」で大総統の権限を制限しておく必要があるとして、行政府の権限よりも立法府の権限がより強固な議院内閣制を採用した。「臨時約法」の誕生は、このように説明されてきた。

だが、「臨時約法」では大総統が辣腕をふるってバッサバッサと処理できず、袁世凱にとってだけでなく、孫文にとっても不評であった。

一方では孫文が「議院専制」と嫌悪し、他方では宋教仁が夢見た立憲議会制度は、強力な行政府独裁を希求する袁世凱によって潰された。袁世凱は二月十二日、最後の皇帝・溥《ふ》儀《ぎ》を退位させ、二千年にわたる中国の王朝体制が終焉した。この功績と約束によって、南京の参議院は袁世凱を新しい二代目の臨時大総統に選出した。孫文の同意のもとで行われた合法的な禅譲劇であった。孫文は、思うとおりにならない新政府の重荷から解放された、という側面もあっただろう。孫文は引き継いだ袁世凱政権に期待し、それへの積極的協力を訴えたほどである。孫文・袁世凱の「蜜月」の時もあったのである。

国民党の勝利と宋教仁暗殺

ところが、総選挙で野党の国民党が第一党となり、袁世凱派の与党は惨敗した。国会が袁世凱の思うようにはならないことが判明したのである。選挙後、国民党のホープであった宋教仁が、袁世凱が放ったとされる刺客によって暗殺された。孫文にとって、自分の革命構想をことごとく否定する宋教仁の存在は、目の上のタンコブ的存在であったが、さすがに長く一緒に闘ってきた革命同志を殺害されるとなれば、孫文も黙ってはおられない。

召集された国会では、宋教仁暗殺事件（宋案）や、国会の承認を得ずして結んだ五カ国銀行団から借款を受ける「善後大借款」で、袁世凱と国民党とは対立関係に入った。袁世凱は大総統権限で、国民党系の江西都督（李烈鈞《りれつきん》）、広東都督（胡漢民）、安徽都督（柏文蔚）を解任した。明らかに国民党に対する挑戦状である。

「第二革命」発動

ここで孫文は重大な決断をした。生まれたばかりの議会政治の道を放棄する決断である。議会で袁世凱政権を追及するのではなく、袁世凱打倒の軍事叛乱を決行するという逆コースの選択であった。議会政党の国民党路線を放棄し、従来の軍事蜂起路線への逆戻りであった。

一九一三年七月から「第二革命」と呼ばれる袁世凱討伐の挙兵が試みられた。黄興が袁世凱討伐総司令に就任し、解任された都督をはじめ、孫文派は軍事抵抗で、自分たちの意思を鮮明にした。

当初、黄興は軍事蜂起に反対した。宋教仁暗殺の宋案は法廷で審議し、法律的な解決を求め、借款問題も国会での審議と通過を要求した。譚延闓《たんえんがい》や胡漢民にも意見を求めたところ、法律的な解決が優先されると、孫文の軍事優先路線に懐疑的であった。多くが生まれたばかりの議会政治や合法政治へ未練があったのであろう。

この時、武装蜂起派は孫文、李烈鈞、柏文蔚、陳其美であり、法律解決派は黄興、譚延闓、胡漢民と、まさに二分されていた。しかし、孫文の影響力は大きく、結局のところ袁世凱討伐の軍事蜂起が、孫文の説得によって実行された。軍事的に劣勢でもあると躊躇、反対していた黄興も総司令となって軍事決起した。柏文蔚が、なぜ意見を変えたのかと質《ただ》すと、黄興は孫文の命令に背けないと答えたという。

先生［孫文］の命令である。どうしようもないではないか。

こうして「孫文の命令」によって、議会政治の王道が踏みにじられた。「第二革命」の軍事蜂起は、待っていましたとばかり、ことごとく強力な北洋軍閥の領袖である袁世凱の手によって鎮圧された。国民党は叛逆者となり、国会の国民党議員は追放され、次いで国会そのものが解散させられ、「約法」に立脚する議会政治は袁世凱によって潰された。その後の軍閥間戦争、国共合作の反軍閥戦争、国民党独裁、国共内戦、という軍事解決路線が続き、辛亥革命から始まった貴重な立憲議会制度は中国に根付かなかった。

しかし議会の道を潰した悪者は袁世凱だけではない。孫文も同罪である。二人とも、立法府の国会が行政府の政府を牽制する三権分立は、行政府に迷惑な「議院専制」に陥ると嫌悪し、強力な権限を集中させた「政府専制」を希求したからである。

孫文は再び日本へ亡命し、中華革命党を組織して、武力闘争による反袁世凱闘争を継続することとなった。

安徽都督府秘書長の陳独秀

杭州で新妻と甘い生活に浸っていた陳独秀にも、辛亥革命の嵐が吹きまくった。孫文は中華民国南京臨時政府を樹立して、臨時大総統として晴れの中央政治を担った。他方、陳独秀は安徽省安慶を中心に地方政治に深く関わった。陳独秀は孫文ほどの大スターではなかったが、政治の生々しい表舞台にはじめて登場した。安慶（当時は安徽省の省都）に安徽都督府が誕生し、そこに招聘されたからである。

この時期の陳独秀は得意の文章を残しておらず、後年に自ら回想もしていない。だから陳独秀と関わった周辺の人物の回想が中心とならざるを得ない。

武昌起義成功の一報が杭州へ届くと、杭州陸軍小学では革命派教員が行動を開始した。

陳独秀が檄文を起草して大きな紙に書き写し、光復会の周亜衛らが深夜に市街の中心にある鼓楼の門へ貼りつけた。役所の巡撫衙門《じゅんぶがもん》前に貼ったとの説もある。ただし、この檄文の内容は不明である。翌日、その上に巡撫衙門による厳重鎮圧の告示が貼られていた。役人たちを震撼させたという。十一月初旬には杭州の新軍が蜂起し、清朝側の浙江巡撫は逃走して浙江軍政府が誕生した。だが、陳独秀は杭州を離れて安徽に戻った。安徽革命の嵐に身を投じたのである。一九一一年十二月から一九一三年八月まで一年九ヵ月、安徽安慶で新たに誕生した共和国地方政権である安徽都督府を支えた。

安徽安慶では一九一一年十二月二日、安徽省軍政府が成立し、安徽都督に孫毓筠が就任した。孫毓筠はかつて陳独秀が岳王会の仲間を求めてあちこちと渡り歩いていた時に知り合った同志の一人であった。その孫毓筠都督が旧知の陳独秀を都督府に招聘したのである。陳独秀はそれに応えて、妻の高君曼を連れて安慶に現れた。陳独秀は都督府秘書長のポストに就いたといわれるが、顧問の一人であったという説もある。唐宝林の陳独秀伝記によれば、そこでの二つの業績が記されている。

一つは安徽の水害被災民に対する救済のための基金債を募ったことである。二つ目は、旧官僚の登用を中止するという官僚機構の改革であった。官僚機構の改革では、孫毓筠とは大きく意見が分かれた。一緒に活動した張嘯岑《ちょうしょうしん》によれば、次のようであった。

陳独秀は行政上でまず改革が必要だと考えた。ただ性情は性急なところがあり、政治をよくしようと思い込むと、口角泡を飛ばした。会議では毎回、聞こえるのは彼一人の発言だけであった。自分の主張を曲げようとはせず、孫少侯［孫毓筠］はなすすべがなく、仕方なく従わなければならなかった。

孫少侯の考えでは、革命とは満清を覆すことであって、今はすでに満清政府が覆されたから、万事めでたしであった。都督府の人事についても、旧官僚を重用し、「外国から戻ってきた」留学生を信用しなかった。陳仲甫［陳独秀］のやり方と違っていた。彼の眼は遠くを見つめており、満清政府の破壊だけでなく、今後さらに必要なことは新しい建設であって、こちらの方が重要であると見なした。

孫毓筠はアヘン常習者でもあり、改革志向が薄いため、対立した陳独秀は都督の交代を画策することとなった。目を付けたのが、岳王会からの親友である柏文蔚であった。柏文蔚は軍人であって、中華民国誕生後に南京臨時政府第一軍長の重職を担っていた。彼を孫毓筠に代わって安徽都督に招聘しようと画策したのである。時すでに孫文が臨時大総統を辞して、中央政権は南京から北京の袁世凱に移っていた。柏文蔚の軍隊が南京を守る必要もなかった。陳独秀は「安徽省の情勢は複雑で、孫毓筠では維持できない」と柏文蔚の安徽進軍を要請した。

「第二革命」で上海、東京へ

一九一二年六月、柏文蔚軍は安徽を平定し、安慶に入城した。そして柏文蔚が孫毓筠に代わって安徽都督となり、陳独秀が補佐の秘書長に就任した。岳王会時代の「陳・柏コンビ」が再び誕生したのである。一時、秘書長を辞して都督府顧問となり、新設した安徽高等学校教務主任となった。しかし翌年三月に宋教仁が暗殺され、袁世凱との対立が深まると再び都督府秘書長に復帰した。柏文蔚が上海に行って安徽を留守にした時には、陳独秀は民政長として安徽政治を任せられた。柏文蔚の信頼が厚かったのであろう。

袁世凱と、選挙で勝利した国民党との対立が先鋭化し、一九一三年六月には柏文蔚が安徽都督職を解任させられ、七月には陳独秀も秘書長を罷免させられた。陳独秀は妻の高君曼を伴って柏文蔚と南京に逃れた。そして柏文蔚は黄興と協議して安徽省の独立を宣言し、安徽討袁軍総司令となって安慶に戻り、第二革命の中心的役割を担った。「安徽独立の布告」は陳独秀が起草したといわれる。袁世凱討伐の軍事行動を起こすが、心配しないでください。商売、交易は通常どおりにやってください、外国人の財産も保護しますなど、中身は大したものではない。ただ袁世凱を次のような言葉を駆使して糾弾している。悪態をつく言葉はいろいろとあるものだ。

兇残狡詐《こうさ》［兇悪残忍で、狡猾］、戕賊《しょうぞく》勲良［良民を痛めつける］、滅絶人道［人の道を絶滅させる］、悪貫満貫［悪行の限りを尽くす］

柏文蔚は孫文と連動しながらの安徽蜂起である。その意味で、安徽における第二革命に見られた陳独秀の袁世凱討伐路線は、孫文と大きな齟齬《そご》はなかった。陳独秀が柏文蔚の軍事蜂起を抑えたという記録はない。陳独秀も柏文蔚と同じ思いであったのだろう。

しかし残念ながら袁世凱討伐戦争は失敗し、陳独秀も逃亡者の身となった。八月二十七日に陳独秀は安慶を離れ、蕪湖でいったん逮捕され、銃殺寸前に助かった。そして陳独秀は上海に逃げ込んで、冬から翌年の春にかけて、上海では門を閉じ、政治の世界から逃避した。読書三昧の生活であったという。

この安徽における政治活動の失敗、敗北は、陳独秀を大きく変えた。政治活動から思想活動への大転換をもたらしたからであった。陳独秀は銃に代えてペンをもって、袁世凱政権を許している沈痛な社会の世直しに挑戦することとなった。

日本に亡命して、なおも武装蜂起を画策する孫文の路線とは、対照的な道を歩むこととなる。

第四章　『新青年』と「新文化運動」

革命派の日本亡命

一九一三年八月に袁世凱討伐の「第二革命」は失敗、敗北した。それに参加した多くの革命派は日本へ亡命した。留学という名の事実上の亡命もあった。上海から長崎に上陸して、長崎や東京など全国に散らばった亡命者の数は、日本外務省の記録によれば、二百六十名（一九一五年五月現在。妻子、従者を除く）にも上った。清末に、清朝打倒の反清蜂起で失敗した時も、日本に亡命していた。今度の民初（中華民国初期）では、にっくき清朝に代わって、これまたにっくき袁世凱政府に追われて日本へ逃げてきた。二度目、三度目の日本亡命、日本滞在の志士も多かった。

この時、地元の『長崎日日新聞』に、孫文死後に国民党、中華民国を支配した蒋介石のインタビューが掲載されている。肩書が面白い。この時の蒋介石はまだ大物軍人ではない。

辛亥革命がおこると、日本の高田砲兵連隊に所属していた蔣介石は、そこを抜け出して上海に渡り、上海都督・陳其美のもとに駆け付けた。日本陸軍からいえば、無断逃亡である。中国でもまだ下士官であったが、長崎の新聞では「陳其美の幕僚陸軍少将」となっている。自分でそう名乗ったのであろう。自己顕示欲が強かったのかもしれない。インタビューで、次のように語っている。

兎に角、［袁世凱軍の］此野蛮的乱暴狼藉は今後も到る処で行はれ、其結果、袁世凱は列国に信用を失ひ、終に大失敗に終わるのであらうが、一方吾々革命派の同志の再挙計画は、着々として進行し、将来の大総統と言はれて居る汪成衛［汪精衛の誤り］の如きも、革命派軍費の宝蔵たる南洋各地の支那人を説き廻り、軍費を募つて居る。今や総ての計画は、何時にても再挙の旗挙げを為し得る迄に進んで居るが、此次の革命戦に中心的人物となつて大に働くものは孫逸仙と陳其美とであろう。今度は必ず成功して見せる。

その後に蔣介石最大のライバルとなった汪精衛を「将来の大総統」と称賛しているのは、興味深い。いずれにしても敗北して亡命しながら、落ち込むことなく意気軒昂である。長崎に上陸して長崎に亡命者コミュニティを形成した柏文蔚も、同じように答えている。

今回の挙事、志と違い、遂に失敗に帰したるも、我党は百折撓《たわ》まず飽く迄初心を貫徹すべく、今は暫く機会の到るを待たんと欲す。袁世凱、今や列強の袖に隠れて隆々の勢あれども、要するに春宵一場の夢のみ、朞年［ママ］ならずして失脚するに至るべし。

中華革命党と革命派の分裂

「第二革命」首謀者の孫文をはじめ、武装蜂起に立ち上がった黄興、李烈鈞、柏文蔚、陳炯明、そしてその部隊の連中が、ドッと日本へ流れ込んだのである。いうまでもなく、袁世凱の天下は「春宵一場の夢」に終わることを信じて、東京を中心に袁世凱打倒の「再挙」を図ったのである。孫文は、そうした連中を中心に、またまた同盟会結成と同じように東京で新たな革命結社「中華革命党」を結成した。孫文革命の再出発である。ところが孫文に対する絶対服従を求める「孫文独裁党」に近く、反撥した黄興、李烈鈞、柏文蔚、陳炯明らは参加しなかった。革命派の分裂である。

陳独秀は、こうした連中とはまったく別の道を歩み、独自な世界を切り開いた。武闘派の武力革命ではなく、思想革命、文学革命といわれる国民の意識革命を目指した。武闘派に比すれば、理論派ともいうべき道の選択であった。陳独秀が目指したのは政府の転覆ではなく、儒教秩序によって縛られてきた国民の意識、生活慣習を解放し、自由で自立した個人の形成であった。この「個性の解放」を支えたのが、西欧啓蒙民主思想の導入であって、それを運動スローガンとして「デモクラシーとサイエンス」で表現した。平等な個人によって形成される民主社会の創設と、因習に縛られない科学的生活態度の確立であった。

孫文は独裁的強権的袁世凱政権、軍閥政権の打倒による民主的政権の形成を主張したが、陳独秀は民主国家を支えるのは民主的意識を確立した国民の創出であると唱えて、政治革命に先行する意識革命の必要性を求めたのである。

意気軒昂な孫文、意気消沈の陳独秀

既述したように、孫文をはじめ、同盟会時代から清朝打倒の革命蜂起を繰り返し、数多くの失敗に「慣れている」ともいうべき連中にとって、第二革命の失敗で意気消沈することはなかった。孫文も日本に亡命すると、すぐに組織の再構築にとりかかった。なにせ孫文は幾度の辺境蜂起に失敗しても七転び八起きで闘い続けた「失敗の英雄」（陳天華の孫文評）であるから、軍事的敗北のちょっとやそっとのことでは戦闘意欲は挫けなかった。

ところが繊細な精神を持つ陳独秀は、はじめて経験、参加した武装叛乱である柏文蔚の安徽蜂起が失敗し、意気消沈した。軍事的敗北の意味を深く問い直し、軍事革命に代わる新しい道を静かに模索しはじめた。

上海に逃げ込んだ陳独秀は、その意気消沈していた心境を次のように語っている。

もとより戸を閉め、読書し、編集を仕事とするつもりであった。近日、出版業の売り上げは昨年の十分の一にも及ばず、そこで筆をおいて静かに餓死するのを待つばかりである。

（「生機」）

辛亥革命の「明」と、その挫折の「暗」とがくっきりとしていた。暗闇の中で陳独秀はもがいていたのである。長堀祐造『陳独秀』によれば、「独秀は生涯をつうじて失意のときは、文字学や音韻学に没頭してその無聊《ぶりょう》をなぐさめた」という。この時、陳独秀は『字義類例』執筆に没頭していた。そして一九一四年七月に東京へ向かった。約五年ぶり六度目の日本行であった。一年間ほど日本で自分を磨き直した。それは亡命というよりは、自分を見つめる旅であった。

名目的には、章士釗編纂の雑誌『甲寅《こういん》』を手伝うことであったが、この時期、フランス語を教える外国語学校「アテネ・フランセ」でフランス語を学んだ。フランス革命を支えた啓蒙思想をしっかりと学び直すためであったろう。陳独秀は、外国語として、英語、フランス語、日本語が理解できたようである。それは日本留学の成果の一つでもあろう。
東京で政治活動をまったくしなかったわけではない。李根源《りこんげん》『雪生年録』によれば、日本で結成された「欧事研究会」に参加している。これは孫文の中華革命党に参加を拒否した黄興、李烈鈞、陳炯明、鄒魯《すうろ》らが参加しており、孫文革命に違和感を抱いていた陳独秀も参加にためらいがなかったのであろう。だが、実際に政治活動した形跡は見当たらない。

陳独秀——思想革命への道

ここで陳独秀は、後の「新文化運動」を支える個人中心の思想変革の志向が現れる文章を残している。「『双枰記』序」で、国家、団体よりも個人における「自由の権利」の確立が必要であると主張した。陳独秀の眼は、そこにうごめく民に向けられた。

国家に対して人民の自由の権利を主張すること、社会に対して個人の自由の権利を主張すること、これには大いに同意するものである。団体をつくるということは、各個の権利を維持して発展させるためにこそある。もし各個の権利が存在しないのであれば、団体など存在する必要はない。それでも必要であると欲すれば、それこそ盲動である。

明らかに孫文たちの新たな革命党（団体）再建活動に対する批判である。孫文の絶対命令に服従する中華革命党の目標は、奪われた袁世凱からの国家権力の奪取であった。そこには党員の自由はなく、その目標に据えられているのは、決して国民の解放、国民の自由な権利の回復ではなかった。

陳独秀は一九一四年十一月、「愛国心と自覚心」を『甲寅』に発表した。そこではじめて「独秀」の名前が使用された。国民の自覚心こそが必要であると強調した。そこには「国民、人民、我われ」といった主語が幾度も出てくる。主役は国家ではなく、我われ個人であった。

近世の欧米人が国家をみる際には、国民のために安寧・幸福をともに図る団体と見なす。

人民はどうして必ず国家を建設するのか。その目的は権利を保障し、ともに幸福を図ることにあり、これが国家を成立させる精神である。

国家とは、人民の権利を保障し、人民の幸福を図るものである。

欧米国家が目指すべき理想的な国家像であり、そこでは人民の権利が保障されたものと捉えられている。すでに陳独秀の欧化志向が始まっている。

愛国心は情に属し、自覚心は智に属す。愛国とは何か。我われの権利を保障し、我われの幸福の増進をはかる団体を愛することである。

だから国民の権利を保障しない国家は、愛するに値しない国家となる。それを見極めるのは、国民の智としての自覚心である。愛するに値する国家が何かを見つけ、それを愛さなければならない。

だが、民の智には限界があって、中国では近代国民国家を樹立する力量がまだ不足している。この民の「智力」を育て、自覚心を高めて、愛するに値する人権保障の国家を自らの手で建設していかなければならない。

民に建国の力がないのにもかかわらず、無理に共和の真似をしたり、帝制を復活させたりして、救亡の計としようとするのは［……］無益にして混乱を増すのみ。

今、我が国の憂いは、政府のみにあるのではない。国民の知力も、各面から見て、二十世紀の国家を建設することができるかどうか。思い上がって自惚《うぬぼ》れるのでもなければ、懐疑を抱かぬわけにはいかない。

国家は政府が造るのではなく、国民が造るものだという点は、とても新しい発想である。そのためには民の自覚が必要であった。民が国家の主役になるには、それにふさわしい智を受け入れなければならなかった。自覚心は智、愛国心は情に属するとした陳独秀が、感性的な情よりも理性的な智を重視したのは当然である。近代国家を建設するためには、立国の要素である愛国心は必要であるが、その愛国心を適切に運用するためには、理性的な智を発揮しなければならない。

ところが今日の中国の危機は、愛国心がないこと以上に、国民の智力、すなわち自覚心がないことにある、と見なすようになったのである。国民の自覚心が高まっていないにもかかわらず、国家をめぐる政治闘争に明け暮れる孫文の愚行を非難しているように映る。

陳独秀の「朝鮮亡国論」

ここで一つ、「愛国心と自覚心」で披露された陳独秀の「朝鮮亡国論」を紹介しよう。

朝鮮は土地が狭く民は浮薄で、古《いにしえ》は他国の属地であり、君臣の貪欲残忍さは、世界に比べるものがない。日本に併合されてから、政治全体が完備し盛んとなり、盗賊は跡を絶ち、訴訟で争うこともなく、その民にとってはとりわけこれ以上ない幸福である。それなのに昔の君主をどうしても復活させようとして、強大な隣国に強いて抗《あらが》っているが、まったく損失を見るのみで、いまだに利益は見えない。

まるで日本の韓国併合（一九一〇年）を全面的に肯定しているのには驚かされる。明治維新によっていち早く政治的改革に成功した日本が、植民地化によって朝鮮の旧い儒教的身分支配を打ち破ったと見なしていたのである。朝鮮民族は、日本支配に逆らうよりは、まずは「浮薄な民」が自覚し、国内の君臣秩序の一新に立ち向かうべきという欧化論である。古い国内の君臣秩序を残したまま、情緒的な愛国心を唱えて、日本の朝鮮植民地化に抵抗するのは愚であるという。もっと理性的な自覚心を持つように強調している。その背景には、独裁者・袁世凱の旧思想に敗れた革命派の最大の欠陥は、政権交代を急ぐあまり、近代共和国家の本質である主権在民を実現する民の救済、民の自立を忘れていたからと見なし、それは朝鮮の民にも当てはまると考えていたのであろう。

国民に自覚心が生まれない限り、愛しうる国家の創造など不可能であるという逆説的な思いは、李大釗《りだいしょう》に「厭世心と自覚心」を書かせた。陳独秀の主張は「厭世心」に近いと批判したのである。陳独秀は自覚心のなさに絶望し、厭世的世界に陥っていると。

一九一五年という年

陳独秀は李大釗に警告されたような厭世的世界に陥っているままで終わるわけではなかった。翌年の一九一五年、たくましく再生し、国民の自覚心を覚醒させる思想革命の道を拓くこととなったのである。

一九一五年といえば、一月に日中関係では悪名高い「対華二十一カ条要求」が突きつけられた。武力を背景とした日本側の「最後通牒」によって、やむなく受諾させられた屈辱の年である。要求を受諾させられた五月九日を「国恥《こくち》記念日」と呼んだ。

十二月には袁世凱が中華民国から中華帝国への国体変更を宣言し、洪憲《こうけん》皇帝として即位した。共和国わずか四年での「帝制復辟《ふくへき》」(帝制復古)である。革命に対する大胆な挑戦であって、それに反対する怒りが爆発した。雲南昆明で蔡鍔《さいがく》、唐継尭《とうけいぎょう》らが袁世凱打倒の護国軍政府を樹立して、「護国戦争」を開始した。翌年、護国戦争は袁世凱を皇帝の座から引き下ろし、共和国体制を守った。だが、まもなく袁世凱は死去したものの軍閥政治は継続した。日本に亡命した孫文は、前年に東京で中華革命党を結成したが、党勢はあまり拡大しなかった。護国戦争には深く関わっていない。

こうした辛亥革命後の冷え切った政治状況を、李大釗は次のように表現している。

いまや暴君は倒れ、共和は成った。だが、さきに戦闘に加わり赤誠を捧げて民衆を救おうとした人々は、あるいは硝煙弾雨のなかに葬られ、あるいは閑雲野鶴の列につらなった。いまいりみだれひしめきあって政治の悪潮を動かしつつあるものは、武断野蛮なる軍人か、さもなくば横暴傲慢なる暴党のみである。〔……〕労苦にあえぐ民衆の、大旱に慈雨を待つはかない望みが暴風雷電の一撃のもとに絶たれたのちは、驚愕失意、身に冷水を浴びたごとくに意気消沈せざるをえない。（「民権の失墜を論ず」）

希望に満ちていた辛亥革命で中華民国が誕生したはずであったが、「武断野蛮なる軍人」と「横暴傲慢なる暴党」に奪われて、民主主義の欠片《かけら》さえなくなった。このなかにあって、孫文たちの武装蜂起である「第二革命」は、「政治の悪潮」を打開できず、国民は「驚愕失意」して、ただ「意気消沈」するだけであった。かくもこれほどの短期間で、なぜ希望が絶望に暗転したのか。辛亥革命そのものに原因、欠陥があったのではないか。陳独秀は次の結論を得た。

辛亥革命を革命する！

辛亥革命の何を革命するのか。政治革命としての辛亥革命がふれることのなかった革命、すなわち人間自身の革命に着手することであった。それは古い伝統的な精神構造にひたりきった個人の変革であった。盟友の胡適は、次のように陳独秀の決断を指摘している。

袁世凱が帝制を実現した時、陳先生は政治革命の失敗を知った。原因は文化思想がこの革命にはなかったことだ。こうして倫理革命、宗教革命、道徳の革命に乗りだした。

（「陳独秀と文学革命」）

『新青年』刊行

陳独秀は一九一五年六月に約一年間の日本滞在から上海に戻った。そして直後の同年九月には中国言論界、文化界に大衝撃を与えた『青年雑誌』を出版した。

表紙には「陳独秀先生主撰」「LA JEUNESSE」（青春・青年）と書かれた。翌年二巻一号から『新青年』と改称した。一般的には『新青年』で知られる。一九二二年まで発刊された月刊誌。青年への啓蒙雑誌であり、『安徽俗話報』の流れを汲む「白話」（口語）を旨としたが、知識人向けの雑誌であり、従来の文語文も見られた。「新文化運動」と呼ばれるようになり、それに続く「五四運動」の精神的支柱であった。『新青年』で育ち、その後に著名となっていった魯迅《ろじん》、李大釗、周作人《しゅうさくじん》、呉虞《ごぐ》、劉半農《りゅうはんのう》、胡適らが参加し、新しい時代と新しい人物を生み出した。

『新青年』は、西欧啓蒙思想の伝播者であった。すなわち民主主義（デモクラシー）のメッセンジャーであった。同時に、それは民主主義とは対照的に個人の自由と人権を認めようとしない伝統的な儒教思想の呪縛から人びとを解放する思想的戦闘者でもあった。後に「打倒！　孔家店」（孔教・儒教の支配を打倒せよ）運動と呼ばれるようになった。

デモクラシーが中国を救う

当時、democracyをどのように漢訳していたのか。大きく三つに分かれている。

日本語は便利で、カタカナで「デモクラシー」と表示できる。中国には表音文字がないから、表意文字の漢字で表音文字の働きをさせなければならず、陳独秀たちは苦労して

「徳莫克拉西《デモクラシー》」という文字をあてた。略して「徳先生」と呼んだ。デモクラシーは中国を変える「先生」であるという思いが「徳先生」という略語に込められていたのであろう。今ではほとんど使われていない表示方法だが、当時の雰囲気がうかがえる。

二つ目は、日本と同じ「民主主義」。中国での外来語の漢字表現はほとんど日本からの輸入である。渡日留学生が日本から持ち帰ったからだ。外来語の漢字化で日本が先行したから、中国でもそのまま使用したケースが多かった。特に社会科学の分野においては、中国語と日本語には共通している訳語が多い。

第三は「民権主義」である。democracy はギリシャ語で demokratia である。demos（大衆）と kratos（支配）の組み合わせであるといわれる。現代的にいえば「国民が支配の主人公である」「人民に主権がある」ということであろう。主権の主を採用すれば「民主」となる。主権の権を採用すれば「民権」となる。どちらでも同じということになるが、陳独秀は「民主」を使用し、孫文は「民権」という訳語に固執した。

ここにはデモクラシーに対する微妙な相違があったからだ。陳独秀は徹底した欧化論者であったから、民主は中国（広く東洋）にはなかった西洋に生まれた独自の概念、制度を意味していた。それを中国に持ち込むことは、専制的な儒教倫理支配を打ち破る武器となるからである。中国では、政治権力だけでなく、庶民の生活の場にも、この個人の自立と権利を認めない、すなわち民主とは隔絶された悪しき状況があった。民主は個人を救う武器でもあった。

陳独秀とは違って孫文は、中国の伝統思想のなかにも民権の伝統は息づいているとして、儒教の価値観を一掃するつもりはなかった。個人自立、救済にまで波及させる概念ではなかったのだ。ただ、皇帝専制の独裁的な王朝体制を共和国に変えるエネルギーを民権という言葉で表現した。民衆一人ひとりの権利を謳うのではなく、むしろ民衆の団結の力を民権の価値としたのである。孫文は孔子がいった「天下為公」が好きであった。天下を天子（皇帝）一人が私《わたくし》するのではなく、「天下を公のものとする」という意味である。「公」とは広く民のものであると、孫文は読み換えたのである。しかし公は全体的な集合概念であり、民一人ひとりを意味するものではない。孫文の孫娘である孫穂芳《そんすいほう》から贈られた書に「以民為天下」（民を以て天下となす）と書かれていた。こちらの方がデモクラシー概念に近いのではないか。

任建樹『陳独秀大伝』から見た『新青年』

回り道をしたが、本題の『新青年』に戻ろう。啓蒙雑誌『新青年』の登場を語る場合、次の二点が問題となる。

①陳独秀を中心に、文豪となる魯迅、文学革命を指導した胡適（陳独秀が『新青年』への掲載を求め、はじめて論壇デビューした）、後に陳独秀と一緒に共産党を設立した李大釗など新進気鋭の多くの著者が訴えた内容は何か、とくに陳独秀は何を訴えたのか。

②それは思想革命、文学革命といわれ、単なる一雑誌の登場にすぎないにもかかわらず、「新文化運動」とよばれる世の中を変える勢いを持った思想運動に昇華したのはなぜなのか。この二点である。

それを検討するにあたって、中国における代表的な陳独秀研究である任建樹『陳独秀大伝』と唐宝林『陳独秀全伝』の見解を整理してみたい。

まず任建樹『陳独秀大伝』。本著では、『新青年』の出版意図を、劉仁静《りゅうじんせい》の回想で紹介している。劉仁静は最年少（十九歳）で共産党創立大会に参加したことで知られている。後年、陳独秀がトロツキーに共鳴して共産党を追放されると、劉仁静も同調し、行動を共にした。当時、親しくしていた陳独秀からさまざまな話を聞いている。その時、陳独秀は『新青年』発刊当時の意図を次のように語ったという（「党の一全大会の回憶」）。

一九一五年、袁世凱が「対華二十一カ条要求」を承認した時、彼「陳独秀」は大変な衝撃を受けた。中国は軍閥が権力を握り、どのような革命も成功しなくなった。もはや中国で進められている政治革命はその意義を失った。思想革命から始める必要がある。中国人の思想を革命する必要がある。このように認識した。だから彼は筆をとって孔子を批判し、旧礼教を批判した。

「意義を失った政治革命」に固執しているのが孫文であると、陳独秀には映ったのであろう。陳独秀は「政治を語らず」という路線を掲げ、政治革命から思想革命への転換を訴えたのである。

任建樹は思想革命の核心を次のように整理している。

「人々は自己の命運を自己で掌握し、自己を自己がつかさどるようにならなければならない。だから宗法制度である家族本位主義を強固に打ち破り、個人本位主義を打ち立てなければならない。徹底的に三綱教義を批判し、個性の解放を求める。これが『新青年』の創刊後に展開した主要な思想闘争であった」。

そして陳独秀は「新文化運動」（デモクラシーとサイエンス）と呼ばれる思想革命を遂行したのである。任建樹はその内容を、次のように端的に整理している。

①国民に独立した人格を喚起し、儒家の奴隷道徳を破壊、排斥した。
②文学革命を発動し、白話文を文語文に取って代わらせた。

③（迷信に縛られた）愚昧《ぐまい》を掃き清め、偶像を打ち払った。
④北京大学文科（文学部）を改革し、自由なキャンパスとして切り開いた。

唐宝林『陳独秀全伝』から見た『新青年』

唐宝林『陳独秀全伝』では、思想革命をどのように描いているのか。

『青年雑誌』を創刊し、陳独秀は科学と民主の二大スローガンを高く掲げ、中国の近代化――思想啓蒙運動の序幕を開けた。彼は、思想啓蒙運動の重点は儒家倫理学説の批判であると見なした。すなわち倫理革命であり、『三綱』［君は臣の綱であり、父は子の綱であり、夫は妻の綱である］の説は、国人を独立した自主の人格がない奴隷に、そして平等、自由、人権がない奴隷に落とし込めている。この状況を徹底的に打ち破ってこそ、根本から中華を振興させることができる」。

そして唐宝林は陳独秀の論文「一九一七年」の一句を紹介している。

> 人が集まって国が形成されるのであるから、個人の人格が高まってこそ、はじめて国家の人格も高まるというものだ。個人の権利が強固になってこそ、その国家の権利もまた強固になるというものだ。

陳独秀は伝統的国家観をひっくり返している。国があって、そのもとに民があるという階層的ヒエラルヒー（君―臣―民）を否定しているからだ。だから国家の自立にとって必要なものは、何よりもまずその基盤となる国民一人ひとりの自立、主権の確立がなされなければならない。すなわち国家支配からの個人の解放、個性の解放であった。

この目的を達成するため、個人の解放という困難な作業を支えるのが、東洋の思想とは異なる西欧啓蒙思想であった。この思想革命の武器である西欧啓蒙思想を宣伝することが『新青年』創刊の目的であった。

日本での近作、長堀祐造『陳独秀』は次のように整理している。

「『新青年』が展開した特徴的な論調には、二つの大きな方向性があった。一つは、旧中国を支配してきた儒教道徳の旧弊を徹底的に批判すること、その論拠となったのは、西欧の近代民主思想である。もう一つは文言（文語文）にかわり白話（口語文）の使用を基礎に置く文学革命の主張である。新時代、国民国家形成にはそれに見合った新しい言語・文学が必要だとする考えであった」。

魯迅のいう「国民性の改革」

この陳独秀論者三人が奏でる「新文化運動」論で、当時の陳独秀思想の解説は十分である。ただ私は、政治革命に代わる思想革命、文学革命の必要性を、次の魯迅の言葉でたびたび説明してきた。もっとも分かりやすい説明であるからだ。

最初の革命は満州王朝を倒すことだから割にやさしくできたのです。その次の改革は、国民が自分で自分の悪い根性を改革することなので、そこへ来て尻込みしてしまいました。ですから、今後もっとも大切なことは国民性の改革です。そうでなければ、専制であろうと共和制であろうと、その他何であろうと、看板を替えただけで品物が元のままではお話にならぬのです。（「両地書」）

ちなみに、魯迅が小説を書き始めたのは、陳独秀が『新青年』へ執筆するようにしつこく誘ったからである。有名な魯迅の白話小説「狂人日記」は陳独秀の誘いに応じて書いたものである。

何度も催促されて、やっと私は一篇をしたためた。このように、私は必ずや陳独秀先生を讃えなければならない。私が小説を書くようになった最大の力は彼の催促であるからだ。
（「私はどのように小説を書き始めたか」）

魯迅がいう「国民性の改革」とは何か。陳独秀は「私の愛国主義」で分かりやすく次のように語っている。

私の見るところでは、中国の危機はもとより独夫と強敵の圧迫によるものであるが、その独夫強敵の圧迫は民族の公徳私徳の堕落が招いたものにすぎない。［……］現在、国は滅亡の危機にさらされているが、この滅亡は強敵独夫のためとはいえども、滅ぼすのは国民の行為と性質である。根本的に滅亡を救おうとすれば、国民の行為と性質の改善がまず必要であろう。

ここでいう独夫とは袁世凱や軍閥を指し、強敵とは侵略する西欧列強である。独夫、列強に対抗できる国民を育てるには、まずは国民一人ひとりの意識改革が必要であると強調した。意識改革が目指す目標は何か。それが一人ひとりの個性が解放された西欧的民主主義社会であり、愚かな迷信や宗教、偶像崇拝に惑わされない科学的生活態度であった。

悪いのは独夫であると責任転嫁して自己反省しない連中に何ができるかという警告である。まさに「天下の興亡、匹夫に責あり」である。

「青年よ、自覚して奮闘せよ！」

少し、『新青年』の世界に入ってみよう。

創刊号から衝撃を与えたのは、「敬《つつし》んで青年に告ぐ」である。内容は、きわめて単純である。中国青年が自覚して奮闘し、「陳腐朽敗《きゆうはい》」に立ち向かえというものである。

私が涙ながらに言葉を列《つら》ねたいことは、ただ新鮮活発な青年が、自覚して奮闘することを嘱望するということだけだ。自覚とは何か。新鮮活発であることの価値と責任を自覚し、自らを卑しむべからざるものと見なすことである。奮闘とは何か。その知能を奮い立たせ、努めて陳腐朽敗なるものを除去し、それを見ること仇敵のごとく、洪水・猛獣のごとくして、決してそれらと同類にならず、その病原菌に感染しないようにすることだけである。

今から見れば、なんだか説教じみた文章である。この時、陳独秀は三十六歳であるから、青年に対する老人の説教ではない。一緒に発奮して立ち上がろうというエールであった。このエールに涙したのは、むしろ『青年雑誌』を手にした知識青年であった、という。
陳独秀は、青年が自覚し奮闘するための六綱を次のように列挙した。

一、自主的であって奴隷的にならないこと
二、進歩的であって保守的でないこと
三、進取的であって退隠的でないこと
四、世界的であって鎖国的でないこと
五、実利的であって虚飾的でないこと
六、科学的であって空想的でないこと

そして最後にいう。

　国民が蒙昧時代を脱することを欲し、教化の浅い民であることを恥じるならば、急ぎ立ち上がって、「近代西洋を」猛追し、科学と人権をともに重んじるべきである。

東洋思想より人権尊重の西洋思想を

そして「フランス人と近代文明」、「東西民族の根本思想の差異」などを著し、奴隷的、保守的、退隠的、鎖国的、虚飾的、空想的な東洋思想を排除し、自主的、進歩的、進取的、世界的、実利的、科学的な西洋思想の導入を主張した。

東洋思想は人権を抑圧し、西洋思想は人権を尊重すると、西洋思想を讃えた。

一、西洋民族は闘争を本位とし、東洋民族は安息を本位とする。

二、西洋民族は個人を本位とし、東洋民族は家族を本位とする。

三、西洋民族は法治を本位とし、実利を本位とする。東洋民族は感情を本位とし、虚礼を本位とする。

あまりにも単純化した比較であるが、単純化することで中国が抱えている課題を鮮明に提示したつもりであろう。

「護国戦争」批判

「我われの最後の覚醒［覚悟］」の一文で、袁世凱打倒の「護国戦争」の評価を次のように語っている。孫文政治との絡みもあるので紹介する。

今の共和なるもの、立憲なるものは、なお少数の政党の主張であり、多数の国民は何か切実な利害感があって取捨選択しているように見えない。多数の人の覚醒を、少数の人が先導することはできるが、代理してやることはできない。共和・立憲の大業は、少数の人が主張することはできるが、少数では実現はできない。

立憲政治であっても多数の国民の自覚、多数の国民の自発的行動によってできたものでなければ、ただ日び善良な政府、賢人の政治を仰ぎ望むだけになってしまい、その卑屈さ陋劣《ろうれつ》さは、奴隷が主人の恩を希求し、小民が聖君・賢相が仁政を施すのを希求するのと、異ならない。

ただ共和・立憲についていえば、それは政府が与えることができるものではなく、一党・一派の人々が主宰できるものではなく、まして一人二人の偉人・長老が担って進むことができるようなものではなおさらない。

これは、東京で結成された孫文の中華革命党に対する批判ではなかろうか。孫文は無知な人民に代わって、有能な革命党が革命を実現し、より立派な共和国家を人民に授けるという「以党治国」論を展開するようになる。孫文が目指す「党による革命」に代わって、陳独秀は「民による革命」を主張したのである。

儒教支配の呪縛からの解放

その人民の自覚にとって、何よりもまず儒教支配の呪縛から解放されなければならないという。共和の原理と儒教の原理とは、水と油の関係であった。

儒者の三綱の説は、我が倫理と政治の根本であり、両者は一つに結びついていて、どちらか一方だけを廃することはできない。三綱の根本原理は、階級制度である。いわゆる名教、いわゆる礼教とは、尊卑を区別し貴賤を明らかにするこの制度を守るためのものである。近世西洋の道徳・政治は、自由・平等・独立の説を根本としており、階級制度とはまったく相反する。これが東西文明の一大分水嶺である。

「憲法と孔教」では、西洋的価値の憲法と、東洋的価値の孔教（儒教）とは相容れないとし、儒教倫理がいかに個人個人の人権を損なってきたかを学術的に論じている。そして最後に次のように締めている。

根本問題は、西洋式の社会・国家の基礎、いわゆる平等・人権の新信仰をまっさきに輸入しなければならないということであり、この新社会・新国家・新信仰と相容れない孔教に対しては、徹底した覚醒、勇猛な決心を持たなければならない。

まさに全面的な欧化論者、人権論者となったのである。

文学革命でデビューした胡適

胡適とともに「文学革命」へ

「新文化運動」の両輪は、思想革命と文学革命であるといわれる。文学革命のスターは、彗星のごとく現れた胡適である。『新青年』が発刊されてから一年後、アメリカのコロンビア大学に留学していた胡適から陳独秀へ一通の手紙が送られてきた。陳独秀が「我が国の文芸はまだ古典主義、ロマン主義時代にあるが、今後は写実主義に向かうであろう」と『青年雑誌』に著し、文学界の旧来の古典主義を批判したことを受けて、胡適はその姿勢に賛同した。しかし「陳独秀は矛盾している」と批判する。陳独秀が讃美する排律一首は古典主義を脱していないと指摘したのである。そして次のような文学革命論を提示した。

一、典故を用いない。
二、陳腐な常套語を用いない。
三、対句を重んじない(文は駢文《べんぶん》をやめ、詩は律詩をやめる)。
四、俗字俗語を避けない(白話で詩詞を作ることを嫌がらない)。
五、文法構造を重んじる。
六、無病の呻吟をしない(むやみに深刻がらない)。
七、古人の真似をせず、一語一語に私個人が存するようにしなければならない。
八、内実のあることを言わなければならない。

陳独秀は、この二十五歳の奇才に惚れ込んで、若造に批判されたにもかかわらず、次のように返信した。

文学革命の八項目をお示しいただき、五、八の二項目を除き、その他六項目はみな合掌して賛嘆しないものはなく、今日の中国文学界にとって天の声となるでしょう。

こうして、改めて胡適の「文学改良芻議《すうぎ》」が送られてきて、『新青年』に発表された。文学革命の幕が切って落とされたのである。陳独秀も続いて「文学革命論」を著した。そこで文学革命のための三大主義を提唱した。

彫琢阿諛《ちょうたくあゆ》の貴族文学を打倒し、平易直情の国民文学を建設しよう。
陳腐誇張の古典文学を打倒し、新鮮誠実の写実文学を建設しよう。
迂遠難解の山林文学を打倒し、明瞭通俗の社会文学を建設しよう。

そして、最後に次の決意を明らかにした。当然、陳独秀、胡適の連合軍は、激しい非難中傷が投げかけられることが予想されたからである。

とるに足らぬ儒者からの毀誉褒貶《きよほうへん》をものともせず、かっと目を見開き、肝を定め十八妖魔に宣戦する者はいるか。我が願わくは、四十二サンチの大砲を引っぱって、その先駆とならんことを。

この文学革命で大砲をぶっ放したおかげで、白話文学が市民権を得て、広く普及することとなった。間もなく、学校の教科書も口語文に切り替えられた。

毛沢東も心酔

各地の知識青年は、この『新青年』を読み漁《あさ》ったという。最初の第一号は一千部の発行であったが、一九一七年以降は一万五、六千部にまで膨《ふく》れ上がった。回し読みが多いから、読者は数万人にのぼったのではないかとみられる。こうして陳独秀は「思想界の明星」と呼ばれるようになった。湖南長沙にいた毛沢東も熱心な読者の一人であった。エドガー・スノウに語った回想で、次のように述べている。

私は師範学校の学生のとき、この雑誌〔『新青年』〕を読みはじめ、胡適と陳独秀の論文を非常に讃美しました。それは私がすでにすてた梁啓超と康有為に代わって、しばらくのあいだ私の模範となりました。〔……〕

二度目に上海に行ったおりに、私は自分が読んだマルクス主義の書物について陳と討論しましたが、みずからの信念に関する陳の主張は、おそらく私の生涯においてもっとも決定的な時期にあたって、私に深い印象をあたえました。（『中国の赤い星』）

また毛沢東は一九四五年四月の共産党七全大会予備会議の内部講話で、陳独秀を次のように評価している。

今日、我われは陳独秀個人についてこういっても差し支えない。彼には功績があったと。彼は五四運動時期の総司令であり、その当時のさまざまな運動は実際に彼が指導したものである。その周辺の人びと、たとえば李大釗同志らが大きな役割を演じた。我われが白話文を学びはじめた時、どんな文章にも標点符号を付ける必要があるという彼の説を聞いた。これは一大発明であった。また彼から世界にはマルクス主義があるというのを聞いた。我われは当時、彼らの学生であった。

蔡元培による陳独秀の北京大学招聘

陳独秀の名声が、北京大学校長の蔡元培の耳に入った。彼は大学を改革するために人材を探していた。陳独秀を紹介したのは北京大学の湯爾和《とうじわ》や沈尹默であった。沈尹默は辛亥革命直前、杭州で知り合った仲であった。彼の回想「私と北京大学」に受諾の経緯が示されている。

蔡先生に陳独秀が北京に来ていることを伝え、陳独秀を北京大学文科学長に推挙した。蔡先生は大変喜んで、陳独秀から同意をとることとなった。ところが独秀は拒絶したのである。彼がいうに、上海に戻って『新青年』の仕事をしなければならないと。そのことを蔡先生に告げると、こういった。「『新青年』雑誌を北京に移し、発刊したらどうか」と。私は蔡先生の慇懃《いんぎん》なる好意を独秀に告げると、彼もさっぱりと承諾し、『新青年』を北京に移し、彼自身も北京大学で文科学長を担任した。

こうして陳独秀は、上海の一編集者兼評論家から、北京大学の文科学長に登用されたのである。文科学長は文学部長に相当するが、蔡元培に次ぐ高額の給与を受けていたことが分かっており、副校長役であったと思われる。大抜擢というべきなのであろうか。それにしても、当時の人事は、人脈があれば校長の鶴の一声で決まったのだろうか。もちろん、北京政府教育部の認可を受けている。しかし袁世凱批判の旗を振る人物の任用許可であり、異例の登用であったといえよう。

一九一七年一月、舞台は上海から北京へ移った。中国の首都・北京に移すことで、『新青年』はさらに発行部数を伸ばした。胡適も北京大学哲学の教授へ抜擢され、李大釗も図書館主任に就任した。『新青年』の関係者が次々と北京大学に招聘されたのである。北京大学文科学長の名声を得た陳独秀に、妻の高君曼も北京に同行したが、息子の二人はその後にフランスへ武者修行の旅に立った。

陳独秀にとって、北京大学は決して居心地が良かったわけではない。思想革命と文学革命は、まさに旧秩序への挑戦であった。その北京大学には旧秩序を守ろうとするいわゆる守旧派の学者がたくさんいた。蔡元培は大学の教育方針として「兼容并包《けんようへいほう》」を掲げた。学術に長《た》けていれば、右派であれ左派であれ、進歩派であれ保守派であれ、多様な人材を受け入れる方針であった。だから中国の伝統文化を守ろうとする学者も多かったのである。当然、欧化論者の陳独秀は激しく糾弾されることとなった。息抜きのためか北京の花柳界にも出入りし、その生活スタイルが批判され、それは妻からもなじられた。

伝統文化の堅持を主張する教授たちの陳独秀非難は厳しかった。花柳界での遊びが不謹慎ということもあって、陳独秀追放運動が高まった。大学学内だけでなく国会でも問題視され、五四運動勃発の直前である一九一九年三月に北京大学文科学長のポストが廃止された。いうまでもなく蔡元培校長と一緒に大学改革を担った陳独秀追い落としのための措置であった。こうして陳独秀は文科学長のポストを失ったのである。

「北京市民宣言」ビラと逮捕

一九一九年五月に勃発した有名な五四運動は、陳独秀の内外環境を大きく変えた。五四運動が開始された五月四日、北京大学の学生ら約三千人がデモ隊を繰り出し、外交次長であった曹汝霖《そうじょりん》の家を焼き払い、その場にいた駐日公使の章宗祥《しょうそうしょう》を乱打した。学生たちは曹汝霖ら「三売国官僚」の罷免と、パリ講和条約の調印拒否を要求した。結果、中国代表団は、パリ講和条約の調印を拒否した。

この政治潮流に合わせて、陳独秀は「北京市民宣言」なるものを起草した。

（一）対日外交においては、山東省及び経済上の権利を放棄せず、民国六年、七年の二つの密約を取消す。

（二）徐樹錚《じょじゅそう》、曹汝霖、陸宗輿《りくそうよ》、章宗祥、段芝貴《だんしき》、王懐慶《おうかいけい》の六人の官職を剝奪し、北京から追放する。

（三）歩軍統領と警備司令部の両機関を取消す。

（四）北京保安隊を市民組織に改める。
（五）市民は集会、言論の自由権を絶対に必要とする。

この宣言ビラを各地で配布しはじめたのである。六月十一日、陳独秀は自ら繁華街の新世界でビラを配布した。現場にいた高一涵《こういっかん》は回想している。

その時、我われは本当に幼稚で、秘密工作をすることなど一つも知らなかった。［……］陳独秀は実に天真爛漫、幼稚にも袋から一枚のビラを取り出して、「警察が扮装した通行人へ」渡した。［……］直ちに屋上の花園の暗闇に隠れていたスパイが陳独秀をひっ捕らえた。

（「李大釗同志の回想」）

「陳独秀、逮捕さる」のニュースは各地を駆け巡った。さまざまな社会団体が保釈要求を通電し、古い仲間の章炳麟、章士釗も同じように通電した。さらに劉師培、馬叙倫《ばじょりん》、馬《ば》寅初《いんしょ》など著名な大学教授たちも連名で京師警察庁に保釈を要求した。出身地の安徽省長も警備司令部や警察総監に釈放を求めたほどである。

この陳独秀逮捕と釈放通電に関して、孫文も通電を打つように要請されたという話がある。史料は沈定一《ちんていいっ》から胡適への手紙である。孫文は上海にいて、北洋軍閥政府の代表としての許世英《きょせいえい》と協議していた。上海では、陳独秀と胡適の二人が逮捕されたというニュースが流れていたらしい。沈定一の手紙によれば、陳独秀の保釈要請を通電することを、孫文は拒否したという。孫文は病気がちな胡適が逮捕されたというニュースにはとても心配した。だが、「未だ会ったことがない」という陳独秀の釈放要請については、次のように述べている。

ある人が再三再四、孫先生に二人の保釈を要請する電報を打つようにと要求したが、孫先生は応えなかった。そして「私は誰に電報を打てばいいのか?」といった。孫先生が電報を打ったという話はない。

この史料をもとに、陳錫祺《ちんしゃくき》主編『孫中山年譜長編』は、陳独秀の保釈を求める電報を北京政府に送る要請を、「婉曲に断った」と指摘している。孫文が陳独秀には会ったことがないにしても、その高名を知らないはずはない。孫文に合流した柏文蔚から陳独秀のことはよく聞いていたことであろう。ただ、柏文蔚は中華革命党に参加しておらず、感情的にも陳独秀への同情心が湧かなかったのであろうか。それとも北京大学という教育の世界に身を置きながら、逮捕されると政治の世界で注目されるようになった陳独秀の影響力に嫉妬し、その存在感を無視したかったのだろうか。

当時、北京政府に対抗する広東軍政府が広州に樹立されていた。南北分立である。孫文は初め、第一次広東軍政府（護法政府）の大元帥であったが、不本意ながら大元帥職を追われて、上海に雌伏していた。孫文を上海に追いやった広東軍政府の総裁の一人である岑《しん》春煊《しゅんけん》は、孫文とは逆に、北京政府総統・徐世昌《じょせいしょう》に陳独秀の釈放を要請した。陳独秀逮捕は、こうした国を揺るがす大騒動となっていたのである。一人孫文だけがその騒動から逃げていた。

出獄後、北京から上海へ

九月十六日、陳独秀は出獄した。三カ月（八十三日）に及ぶ長期拘束であった。この間、毛沢東は長沙で発刊した『湘江評論』創刊号で陳独秀を「思想界の明星」として讃えた。保釈されると、李大釗は「歓迎、仲甫の出獄」という白話詩を発表した。仲間内からは、逮捕されることによって英雄視される雰囲気が漂いはじめた。

一九二〇年二月、北京大学を辞めた（辞めさせられた）陳独秀は北京を離れて古巣の上海へ戻った。高一涵によれば、北京脱出劇だったという。

陳独秀は逮捕され、三ヵ月ほどで釈放されたが、監視を受けた。守常〔李大釗〕が彼の逃走を図った。彼らは商人に扮装し、帳簿を携え、ラバの引く車に乗った。守常が外側に坐り、陳独秀は内側に坐り、こっそりと陳独秀を天津に送った。そして船に乗って上海に行った。

若き毛沢東の陳独秀・孫文評価

先に、毛沢東が『新青年』に多大な影響を受けたという回想を紹介したが、その影響下にあって、毛沢東は一九一九年七月に湖南長沙で『湘江評論』を創刊した。毛沢東二十五歳の時である。陳独秀が『安徽俗話報』を創刊した歳と同じである。

その『湘江評論』創刊宣言で、若き毛沢東は、次のように強調している。

強権を用いて強権を倒すなら、結果はやはり強権を手に入れることになり、自己矛盾であるだけでなく少しの効果もない。〔……〕いっさいの風聞や迷信の束縛を受けることなく、何が真理であるかを叫ばねばならない。〔……〕民衆の連合を主張し、強権者には持続的な「忠告運動」をおこない、「叫び声の革命」——すなわちパンの叫び声、自由の叫び声、平等の叫び声——「無血革命」を実行する。効果のない「爆弾革命」や「流血革命」をおこなって大混乱を引き起こすことはしない。

「銃口から政権は生まれる」と言い放った、共産主義者になった後の毛沢東とは大違いで、同じ人物の言葉であるとは信じられないほどである。今必要なのは陳独秀が主張する「思想革命」であって、孫文の「武装革命」ではないというのである。この時期の毛沢東にとって、ふるさと湖南は戦禍に荒れていた。戦禍を産みつづける孫文流の武力革命路線を「爆弾革命」「流血革命」と呼んで、嫌悪したのである。若き毛沢東は過激派ではなく、穏健派であった。

そして同創刊号には「陳独秀の逮捕と救助」を発表した。

陳君は思想界の明星であると認識している。陳君の話を聞くならば、少しでも頭脳がはっきりしておれば、皆の思いが語られているとわかる。〔……〕逮捕されたといえども、陳君はいささかも傷ついていない。むしろ新潮流に大きな記憶を残した。彼の偉大さをますます輝かせるだけである。

こうした思いから、中国共産党が創設されると、いち早く毛沢東は陳独秀の陣営に駆け込んだのである。

第五章　中華革命党と党治論、愚民論

絶対服従を求める孫文

第二革命に失敗した孫文は、再び「第二の故郷」日本へ亡命した。辛亥革命以前の打倒対象は異民族王朝の清朝政府であったが、今回は袁世凱政権であった。第二革命が議会政治への叛逆であったから、議会政党としての国民党は国会から放逐され、自滅してしまった。アメリカ人実業家のジェームス・デイトリックに宛てた手紙で、孫文はこの失敗を次のように説明している。

今回は私個人が、活動全体の指揮を執ります。ご存じのとおり第一革命は、私が中国へ着く前に起こりました。そして私が着いた時には、そのまま受け入れるのが賢明だと考えるような段階にまで、すべてのことが進展していたのです。平和的な方法に

孫文、1913年、東京

> よる決着を、私は非常に喜びました。しかし、私は殺人鬼の首領である袁〔世凱〕という邪悪な人物に地位を譲る誤りを犯したのです。

実際、孫文が自覚していた誤りは、袁世凱への権力譲渡ではない。他人がつくった立憲議会制度という民国初期の民主的新体制に迎合しなければならなかった孫文自身の懺悔である。だから孫文はその反省を踏まえて、「平和的な方法による決着」を目指す議会政党・国民党に代わって、新しい革命主体を形成することを決意した。それが一九一四年七月に結成された中華革命党である。議会政党から、以前の革命政党への逆戻りである。

ただ以前の混成チームであった同盟会とは大きく異なって、これは事実上の孫文個人に忠誠を尽くす「孫文私党」であった。その内部は孫文の権威に逆らえない孫文独裁体制が貫徹していた異様な政党であった。

外に対しては民権主義を強調する者が、党内では独裁権力を振るっていいのか。この孫文の「変節」は内外に衝撃を与える。だから彼は必死に、その独裁の必要性を語っている。だが孫文には、もともとそうした性癖があったのであろう。毛沢東は一九六四年の中央工作座談会で、孫文には民主主義がなく、世が世ならば皇帝になっていただろうと言い切っているほどだ。

辛亥革命（第一革命）、第二革命の失敗を次のように説明し、孫文の命令に絶対服従する中華革命党の必要性を語っている。

以前の同盟会、国民党の組織はもっぱら主義をもって同志を糾合したが、主義が同じであることを求めただけで、党員の資質のよし悪しを問題としなかった。ゆえに党員は多く、勢力も大きかったが、内部の意見は紛糾し、歩調は乱れ団結自治の精神はなかった。命令を奉って教えを継承するという美徳がなく、党首に至っては傀儡《かいらい》に等しく、党員はバラバラになった。［……］自由平等の説に惑わされて、統一した号令もなく、党首に服従するという条件すらなかった。［……］この度、改めて革命党を組織するが、命令に服従することを唯一の条件とする。（「陳新政及び南洋同志への書簡」）

捲土重来《けんどちょうらい》を期すために、同志と秘密組織を築き上げげなければならない。［……］今回の立党に当たっては、党首の命令に服従することが特に重要である。誓約書を準備して、生命や自由の権利を犠牲にして命令に服従し、自分の役割を忠実に守ることを誓わなければならない。

（「南洋革命人への書簡」）

広く公開された党は水膨《みずぶく》れするが、雑多な分子が混入して、党内の紀律がなくなる。だから孫文は、自らの絶対権威を確立しようと焦ったのである。なんと、そばで長く孫文革命を支えてきた屈指の盟友・黄興に対してまで、わざわざ絶対服従を求めた書簡を送っている。

今後、もし私を党魁として承認するのであれば、必ず党魁の命令に絶対服従しなければならぬ。第二革命の失敗は、私の号令をまったく聞かなかったことにある。

黄興らの参加拒否

ここにあるのは「服従」「絶対服従」の乱発である。よほど服従を求めたかったのであろう。もちろん、この態度に黄興は絶望した。第二革命の軍事蜂起では、その最前線で指揮したのは孫文ではなく、黄興総司令であった。ところが戦闘には参加しなかった「党魁」の孫文から、「俺の命令を聞かなかったから、失敗した」といわれては、「お前は何様だ」と、カッとなるのは当然である。黄興は中華革命党には入党を断って、静かにアメリカへ去ってしまった。

孫文との協議で、「第二革命」を戦った李烈鈞は孫文の要求に怒りを込めて抗議した。

一身の自由を犠牲にしてまで党魁に服従するのは、屈辱である。

この李烈鈞の心境は、戦場を駆け巡った多くの同志に共通していたであろう。彼らは孫文のために戦ったのではなく、共和国の未来のために戦ったからである。こうして第二革命で袁世凱打倒に決起した黄興、李烈鈞、柏文蔚、陳炯明ら最高幹部は、そろって中華革命党の孫文独裁にそっぽを向いた。

怒ったのは中国人同志だけでない。長く支援し続けた刎頸の同志である宮崎滔天も、さすがに怒った。

命令でやれば専政君主ではないか、それではお前が教へた主義が民権自由であるのに、それを教へたお前がその主義を取消して、専政君主主義でいくのはいかぬ。

（「宮崎滔天氏之談・続」）

そして、孫文にはもともと「命令病」「専制（政）病」があるという。反撥を受けるのは当然であり、悪いのは孫文であると、宮崎滔天は心配している。

憂ふらくは彼には一つの病あり。そは命令病也、専制病也。〔……〕命令権を要求するは人を服する所以に非ず、却て反抗を招く所以也。（「出鱈目日記」）

民権を唱え独裁を志向

こうした反撥にもかかわらず、孫文は中華革命党を結党した。そして参加者に対して、次のような「誓約書」に署名させた。

（一）宗旨を実行する。
（二）命令に服従する。
（三）職務に忠誠を尽くす。
（四）秘密を厳守する。

(五) 誓って生死を共にする。

一方で民権(民主)主義を唱えながら、実際の党内体制は独裁志向であった。明らかに矛盾した両義性が共存していたというべきか。これをどのように理解すべきか。深町英夫『孫文』は、「中国同盟会「軍政府宣言」が胚胎《はいたい》していた両義性が顕在化し、孫文自身が「独裁志向の民主主義者」というヤヌスとなったのである」という。「民主と独裁という両極端な政治体制を追求する二本の道は、いずれも奇妙なことに、一人の男によって見出された」。「さながら古代ローマの二つの顔を持つヤヌス神のごとき」だという。

ヤヌス論に対して、孫文自身の言葉は、そのような解釈を否定する。彼によれば、民主主義的な社会の建設(憲政)が最終目的であって、その目的を達成するために不可欠な過渡期の段階(軍政、訓政)では、独裁的権限を持った革命党や革命政府を樹立するにすぎない。だからこの遠大な革命事業においては、民主が目的で、独裁は手段である、といたるところで強調している。いずれ憲政という理想郷が実現すれば、革命党も、革命軍も、革命政府もすべて役目を終え、消滅するというのである。だから「俺はヤヌスではなく、れっきとした民権主義論者である」と豪語する。

マルクス主義の前衛党理論に似ていないわけではない。ブルジョア階級独裁を止揚するためにプロレタリア階級独裁を実施するという。独裁をなくすための独裁という。そしていずれ理想の共産主義社会が実現されれば、いかなる権力もない、抑圧もない「自由な王国」が誕生するという。

しかし現実はそんなにうまくはいかない。プロレタリア階級独裁は、プロレタリア階級の利害を代表するとされる共産党の一党独裁に転化し、独裁は強化されるばかりであった。はじめて社会主義国家の建設に成功したソ連では、共産党独裁はスターリンの個人独裁に転化した。スターリンの政敵・トロツキーはその弊害を「代行主義」であるとした。大衆の意向を共産党が代行し、中央執行委員会が共産党を代行し、そして一人の委員長(党書記長)が中央執行委員会を代行して、個人独裁を完成させる。大衆の意思を尊重するという民主主義は代行主義が進めば、こうして民主主義を否定する個人独裁へと昇華されることとなる。

「以党治国」論

憲政段階が実現されれば、はたして、孫文がいうように過渡期の独裁志向が終わるであろうか。民主社会へ向かう過渡期のやむを得ない手段として、独裁段階を設定するというシステムとして革命党、革命政府の独裁を正当化する前衛党論と、孫文の独裁正当化論とは、実は異質のものである。孫文は、まったく別の理由から独裁を強調するようになったからである。

陳独秀が啓蒙雑誌『新青年』を発行し、「新文化運動」でデモクラシーとサイエンスを高らかに謳いあげていた時期、孫文は中華革命党を結成し、袁世凱政権、それに続く軍閥政権打倒に燃えていた。そして他方、「新文化運動」における「個性の解放」に対抗すべく、独自な「孫文学説」をまとめて、孫文理論を披露していった。

大衆の願望を革命党が受け継ぎ、その統治能力のない大衆に代わって革命党が国家を統治するという「以党治国」論を強調しはじめた。革命党の独裁は、大衆の夢を実現するためのエリート独裁ということになった。中華民国政治史を研究する山田辰雄は「孫文の代行主義」（山田辰雄編『歴史のなかの現代中国』）といい、私は「賢人支配の善政主義」と表現した。大衆のための善政を実現するという名目で、選ばれたエリート集団である中華革命党、中国国民党の一党支配（賢人支配）を実現するという論理である。

「愚民」論――孫文思想の根底

その孫文思想の根底にあるのは、民衆は愚かな存在であり、有能なエリート集団である革命党が、愚かな大衆に代わって独裁権力を確立し、民衆を救済するということであった。

言い換えれば、それは孫文の「愚民」論であり、無能な大衆と有能な自分たちとを区別する差別的な「愚民主義」でもあった。

孫文は、一九一八年ごろから自分の哲学思想や政治思想、そして実業計画としての建国思想をまとめはじめた。最終的には『建国方略』（第一部「心理建設」、第二部「物質建設」）と題されるようになった。そこで、孫文の哲学・政治思想としてまとめ上げられたのが「孫文学説」であった。ここで革命と党の関係、党と大衆の関係を明らかにした。

私はかつて次のように孫文と陳独秀の違いを整理したことがある（『孫文と袁世凱』）。

陳独秀はまず大衆の啓蒙という思想革命から出直すことを強調した。大衆の意識を改革し、近代的改革を推進できる国民の創出を目指したのである。民主政治を実現できるのは、自覚した大衆参加の政治しかないという基本認識である。下からの改革を実現するための基礎作りに着手しようとしたといえよう。

しかし、孫文は違った。現状の無自覚な大衆に頼るのではなく、大衆を政治から排除することで、この難関を乗り越えようと考えた。国民の政治的成熟という、時間のかかる作業を待つことができず、まず自覚ずみの選ばれた一部のエリートによって政治改革を実行し、上から民主政治を大衆に根づかせ、そのもとで大衆の政治教育（政治訓導＝訓政）を施そうと考えたのである。

この両者の対比は、もう二十年も前の結論であるが、今でもその認識は変わらない。そこで次に、少し「孫文学説」の見解を紹介しよう。孫文は、社会的人間をその能力に応じて次のように三分割する。

①先知先覚者（国を指導できる一部の有能なエリート層）
②後知後覚者（先覚者の教育でやっと政治参加できる追随者）
③不知不覚者（無能な多くの大衆で、社会を管理できないから政治参加から排除する）

なぜ、国民を三分割するのか。それを孫文は有能な教師と無知なる子供の関係で説明する。「先知先覚の革命政府」が国家を先導して教師となり、無知な国民を生徒のように教えなければならないという。

今日の中国が共和制を採用しなければならないのは、あたかも子供が塾に入って勉強しなければならないのと同じである。塾に入れば、良師や益友がいて、彼を教えることが必要だ。中国人民は今日はじめて共和政治に進んだわけであるが、やはり先知先覚の革命政府があって、彼らを教えなければならない。これが訓政の時期であり、専制から共和への過渡期が必要とされる理由である。

「訓政保母」論

しかし孫文は人民が国家の主人公であると強調してきた。「人民を皇帝にする」と強調してきた。矛盾するのではないか。ここで有名な「訓政保母」論が登場する。

「人民が」民国の主人といっても、実に生まれたての赤子と同じであり、革命党はこの赤子を産んだ母親である。これを養育し、これを教育しなければならない。こうしてこそ、革命の責任を全うすることができる。「革命方略」に訓政の時期を設けたのは、この主人を養育、教育して、青年に達したあと、政権を返還させるためである。

ここでは二つのことがいわれている。一つは、主人公の人民は無知な赤子と同じであるから、政権は革命党が主人から一時的に預かって党独裁を実行する。母親が子供を教育するように、党が人民を教育する。二つ目は、党による教育の結果、人民の政治的自覚が成熟すれば、その暁には革命党が預かっていた政権を人民に返還し、憲政を実現する。こうしたプログラムが「訓政保母」論の神髄である。

この「訓政保母」論でいう保母（革命党）は、いうまでもなく三分割でいう「先知先覚者」である。「先知先覚者」が「後知後覚者」「不知不覚者」である人民を教育すれば、政治自覚が高まって国家の政治に参加できる「主人公」になるということになる。

ところが、これは三分割論と矛盾する。そこでは、「不知不覚」の大衆は、いくら教育しても自覚せず、ただ上からの指導を受けて行動するだけの無能な存在である。彼らが政治の主体性を獲得できるとは想定されていない。それは、五年後の一九二四年の孫文講話「三民主義」で明らかにされた。

孫文は、人間を平等に捉えているわけではない。能力の違いに応じた分相応の役割があるというのである。人間を三分割だけでなく、さらに八ランクに分類した。

聖―賢―才―智―平―庸―愚―劣

このように能力が異なる人民に一括して政治的権利を与える西欧民主主義はおかしいと見なす。教育して「愚」が「賢」に変わるものではない。「聖、賢」だけが大衆を指導できるという差別的システムこそが必要であるという。それを説明するために「阿斗《あと》・諸葛《しょかつ》孔明《こうめい》」論、「能と権の区別」論が登場する。

小説『三国志演義』をご承知であろうが、蜀《しょく》の劉備《りゅうび》が亡くなるにあたって、宰相・諸葛亮《りょう》孔明に息子の劉禅《りゅうぜん》の行く末を任せた。劉禅は幼名を阿斗という。劉禅は父の劉備と違って、無能であったという。それで無能な皇帝・劉禅は、その自覚があったから、政治的大権をすべて有能な天才宰相の諸葛孔明に預けて、皇帝としての権力を振りかざして口出しすることはなかった。そのため、蜀の政治は安定したという。阿斗は「無能」、諸葛孔明は「有能」の代名詞となった。

「権」と「能」の区別

孫文は「三民主義」講話で、中国四億の民はすべて無能な阿斗のようなものだといい、次のように「権」と「能」を区別しろという。

諸葛亮は能をもっていたが権はなく、阿斗には権はあったが能はなかった。阿斗は能をもたなかったから、政務はすべて諸葛亮にゆだねた。諸葛亮が有能だったから、西蜀で立派な政府を打ち立てることができた。

この理想政治を現代中国にも再現させようと、独自な「孫文ワールド」が登場する。素晴らしい政治を実現するためには、無能な人民（阿斗）は政治的権利を立派な政府に預けて、有能な連中に政治を任せるべきであるという。そこでは、無能な阿斗が諸葛孔明の教育によって、有能な皇帝になったという設定はない。

大総統であれ内閣総理であれ、各部の総長［日本的には各省の大臣］であれ、［……］彼らが才能をもち、真心をもって国家のために尽くしさえすれば、我われは彼らに国家の大権をゆだね、彼らの行動を制御せず、何事も彼らの自由に任すべきである。［……］我われ四億の民は政府を諸葛亮とみなし、国家の全権を政府に渡す。

何と恐ろしいことをいうのか。無能な人民は全権を有能な政治家（実は孫文自身を指す）に渡して、自由に任せるべきであるという。まるで全体主義国家の独裁者がいいそうなことである。「お前ら人民は無能だから、有能賢人の俺がお前らに代わって独裁政治を行う。それがお前らにとって一番よい社会を生み出す方法だ」といわんばかりである。

もし悪い独裁者が出現すればどうするのか。次のように答えている。

政府が悪い場合は、我われ四億の民は皇帝の職権を行使して、彼らを罷免し、国家の大権を回収すればよい。

大権を奪った（国民が預けた）悪い独裁者を、合法的な方法で平和裏に罷免できるだろうか。そもそも、袁世凱大総統を合法的に罷免できないから、議会政治を逸脱して軍事蜂起したのが第二革命であった。合法的手続きで罷免を語っているが、それには現実性がなかった。ということは、ここで孫文が想定しているのは、議会や人民の制御がない「万能政府」の実現であり、それが孫文の理想であった。

この「孫文学説」の本質は、人民は無能で、人民に政治を任すことはできないという孫文「愚民」論である。無能な阿斗である民衆に政治を任すことはできないという「人民不信」観があったといわざるを得ない。胡適は次のように訓政批判をした。なぜ理想の憲政を早期実現しないのか。

中山先生は一般民衆の参政能力にとても懐疑的であったからだ。

孫文は中華革命党の党員に対し絶対服従を求めて顰蹙《ひんしゅく》をかったが、国民に対しても、孫文が目指す賢人政府に絶対服従を求めたのである。

自分は有能な諸葛孔明の生まれ変わりであるから、自分が築き上げたよい政府では、全権を我に預けよ、といわんばかりである。

孫文独裁論への批判

当然ながら、こうした孫文独裁論への批判も多い。中華革命党での独裁志向は、黄興や李烈鈞らに批判されたが、後に国共合作した共産党からも批判された。共産党の瞿秋白《くしゅうはく》は「民権主義とソヴィエト制度」で、孫文の構想は民権主義ではなく、聖人、賢人だけに政治的権利を認める「聖権主義」であるという。

政府とは有能な人間のものであり、人民とはただ最大多数の無数の人間にすぎない。こうした民権とは、いったいどのような民権なのだろうか。それはただ孫中山たちの先知先覚の権にすぎず、聖賢や有能な士の権にすぎないのである。これでは民権主義ではなく、聖権主義だ。

これではまさに有能な党が独裁的権力を発揮する「以党治国」しか道はなかった。無能な民が入り混じっている民が主人公の「以民治国」は、孫文思想では考えられない。瞿秋白的にいえば、「以聖治国」ということであろうか。

「孫文学説」では、従来の「知るは易く、行うは難し」（知易行難）をひっくり返して「行うは易く、知るは難し」（行易知難）と主張した。実践よりも知ることの優位性を強調した。そして困難な「知」は先知先覚者が担い、易しい「行」は不知不覚の大衆が担うこととなる。「新文化運動」の旗手であった胡適は、孫文は新文化運動の精神をまったく理解できなかったと批判し、「行易知難」の主張を次のようにいう。

> 「行易知難」の学説の真意は人に先覚者を信仰させ、領袖に服従させ、逆らわずに実行させることである。中山先生の著書の真意は「我に服従して、わが建国方略を実行せよ」ということに他ならない。（「知難、行亦不易」）

こうした批判からも明らかなように、この時期の孫文は、中華革命党における孫文への絶対服従、人民大衆に対する革命政府への絶対服従を求めるものであった。とはいえ、現実の政治活動において、当時の孫文は孤立しており、いかなる意味でも絶対的権威を打ち立てられず、そこに絶対的服従は見られなかった。

「護国戦争」では脇役

孫文は東京で中華革命党を結成したが、日本で活動することが目的ではない。中国に戻って袁世凱政権や軍閥政権を打倒し、失った権力を奪取することである。中国では、袁世凱打倒の「護国戦争」が勃発したが、主役は孫文、中華革命党ではなかった。

孫文が日本での三年ばかりの亡命生活を終えて上海に戻ったのは、一九一六年五月一日のことであった。袁世凱死去（六月六日）の直前であった。すでにその時、袁世凱の「帝制復辟」劇に激怒した軍人たちが袁世凱打倒に立ち上がった護国戦争が功を奏し、袁世凱は皇帝の座を降りて、帝制を廃止していた。この倒袁ドラマの主役は雲南昆明に結成された護国軍政府である。そこに集まったのは、元雲南都督の蔡鍔、現雲南都督の唐継堯、そして孫文と喧嘩別れをしていた元江西都督の李烈鈞であった。さらに立憲派の梁啓超も加わった。しかし、そこには孫文の名前はない。

護国軍政府は十二月二十五日、袁世凱へ帝制取り消しを要求したが、返答がないため雲南の独立を宣言し、護国軍を組織した。蔡鍔が第一軍総司令、李烈鈞が第二軍総司令、唐継堯が第三軍総司令に就任し、袁世凱討伐戦争を発動した。この雲南起義は、反国民党だった梁啓超ら進歩党、地方の実力軍閥、元国民党の李烈鈞、李根源らの混成軍であった。地方軍閥と政客の野合《やごう》ともとれるが、共和体制を否定する帝制復辟に反対する大義は、大きな共感を呼んだ。そして貴州都督、広西都督、広東都督ら西南の都督たちが北京からの独立を宣言した。

北京の北洋軍閥内部でも取り消しを要求するものが現れ、四面楚歌となった袁世凱は翌年三月二十二日、ついに迫られて帝制を取り消した。そして前の大総統に復帰したが、五カ月余りで死去した。この時期、孫文は「袁世凱討伐」の檄文を発表した。

中原の豪俊、旗を望みて来たれ、草沢の英雄は風を聞きて決起せよ。

人民の蜂起を期待するのではない。「豪俊」「英雄」とは各地の軍閥、軍人であった。自己の中華革命党が統率できる革命軍の勢力は微力で、結局は雲南起義の護国軍の挙兵に頼らざるを得ない。護国戦争に合わせて、中国における孫文配下の中華革命軍広東司令長官・朱執信が広東恵州で決起し、陳炯明が護国軍を名乗って淡水で軍事行動を起こしたが、いずれも敗北した。天下を取るどころか、広東省の一部すら支配できなかった。

黄興、李烈鈞、柏文蔚らとの関係修復

朗報がないわけでもない。この袁世凱打倒の護国戦争が起こると、かつて孫文の独裁に愛想を尽かして海外に逃れていた黄興、李烈鈞、柏文蔚らが次々と帰国し、孫文との関係を修復しはじめたことである。

一九一六年五月、孫文は帰国した黄興にラブコールの手紙を送っている。

政局は厳しさを増している。袁派は勢力を伸ばしているというのに、民党はまだ互いに提携していない。あなたと私はこの十余年、もっとも深い関係を築いてきた歴史がある。一日とも感情が対立することはなかった。私は信じている。あなたが私を愛し、私を助けてくれることを。〔……〕上海に来て、一緒にいろいろと話し合いたい。

残念ながら、この年の十月、黄興は病死した。孫文と親しく関係を修復する時間もなく、旧友は革命戦線から消え去った。

軍閥混戦の時代へ

宿敵である袁世凱は死去したが、北洋軍閥の軍閥政治が消滅したわけではない。大総統

は黎元洪が就任した。袁世凱が潰した旧国会の復活を約束し、議会政治が回復するということになった。だが国務総理に就任した安徽派軍閥の段祺瑞《だんきずい》は、旧国会の召集をやめて、独自な御用国会である「安福国会」を召集し、旧国会の議員の一部は「安福国会」から締め出されてしまった。

　この時、黎元洪と段祺瑞が対立した。「府院の争い」という。総統府と国務院、すなわち大総統と国務総理の大喧嘩である。この間隙をぬって張勲《ちょうくん》が廃帝・溥儀の復辟を求めるクーデターを試みたが、段祺瑞が叛乱軍の鎮圧に成功した。この結果、「府院の争い」は段祺瑞の勝利に終わり、黎元洪は大総統から去った。袁世凱後の政局は「段祺瑞の時代」に突入したのである。

　袁世凱という巨石が転がり落ちると、蓋の重石《おもし》がなくなった軍閥は勝手に暴れ出し、これを契機に「軍閥混戦の時代」の幕が開いた。混戦を彩る大軍閥のスターは、天下をうかがう安徽派軍閥の段祺瑞、直隷派軍閥の曹錕《そうこん》・呉佩孚《ごはいふ》、そして奉天軍閥の張作霖《ちょうさくりん》であった。彼らは大規模な軍閥戦争を敢行して、北京政権の争奪戦を繰り広げた。一方、西南地方には、北京の影響力に対抗した雲南軍閥の唐継尭、広西軍閥の陸栄廷らが独自な政権を打ち立てていた。北京政局が混乱し、地方軍閥への牽制力が弛緩したのである。陸栄廷は広東、広西を牛耳っていたが、北京からの「自主」を宣言し、「共和の擁護」を通電して「復辟」

に反対した。唐継堯もまた張勲が失敗すると「自主」を決心し、北京の権力を掌握した段祺瑞内閣を承認しなかった。こうした西南をめぐる新たな政治環境は、孫文の心を揺るがせた。まさに孫文復権のチャンスであったからだ。

こうした「軍閥混戦」から中国の明るい未来を展望することはできない。南京臨時政府の参議院で作成された「臨時約法」によって誕生した旧国会を復活させ、失われた議会制政治を立て直そうという機運が生まれた。そこにはさまざまな思惑があって、国会審議で中国社会を民主的に立て直すという純粋な動機があったわけではない。「安福国会」からはじき出された国会議員にとってみれば、何よりも議員職への復帰が求められた。

奇妙な顔が揃った上海会議

「張勲の復辟」騒動のさなか、一九一七年七月に、上海で奇妙な顔合わせの会議が開かれた。参加したのは、孫文、章炳麟、唐紹儀、孫洪伊《そんこうい》、程璧光《ていへきこう》であった。いずれも孫文の権威から遠く離れていたいわくつきの連中である。

章炳麟は「革命三尊」（孫文、黄興、章炳麟）の一人であり、同盟会時代は『民報』の主筆として、孫文も一目置く「国学大師」であった。辛亥革命期には路線を異にし、第二革命を契機に袁世凱に幽閉されていた。幽閉から解かれた直後である。

唐紹儀は清朝側と革命側が協議した「南北議和」の清朝側代表であり、袁世凱政権下の初代内閣総理であった。

孫洪伊はもともと立憲派で、革命派の革命路線と距離を置いていた。最初の国会選挙では民主党を組織した一人で、国民党と対立していた。しかし「府院の争い」で黎元洪大総統側に立って、段祺瑞から追われた。

程璧光はもともと興中会に参加した孫文の仲間であった。しかし清末から海軍一筋で、段祺瑞内閣で海軍総長に任命された。ところが「張勲の復辟」に反対し、北京政府の政争から海軍の独立を宣言した。

皆、いわくつきの大物であった。だが、いわゆる孫文を慕う革命派の連中ではなかった。中華革命党総理の権威で、孫文に服従させることができる代物ではなかった。なぜこうした連中と協議したのか。中華革命党の世界だけに留まっていては、中国政治から見捨てられるという危機感を感じたからであろう。辛亥革命後に流れた「革命の時代」の旋律はとっくに途絶えて、「軍閥混戦の時代」の旋律が大スピーカーから流れていた。こうしたなか、革命の純粋性を求めるというよりは、生き抜くためには「野合」も辞さない柔軟さ、あるいは無節操さが必要であった。何よりも権力志向が強かった孫文には、複雑な権謀術数に対応できる資質が備わっていた。だから強力な軍事力を持たない孫文が、「軍閥混戦の時代」を生き抜くことができたのである。
協議の結果、広東に旧国会を回復させ、解任させられた黎元洪を大総統に復帰させ、いわゆる「護法政府」を樹立させようということになった。それを支えるのは、軍閥軍や中華革命軍ではない。程璧光が率いる海軍であり、掌握する多くの艦隊であった。新しいスタイルの政権であった。
中国海軍は陸軍中心の軍閥軍とは一線を画していた。護国戦争の時、海軍総司令であった李鼎新《りていしん》が第一艦隊を率いて護国軍側についた。李鼎新は次のように海軍独立の目的を語っている。

　辛亥革命から現在に到るまで、兵乱が続き、その原因を探れば、実に国政の方針がことごとく武力に左右されたことにある。名は民主共和といえども、その実態は武人専制である。正義は埋没し、国家は動揺しているのもすべてこのためである。［……］旧約法、国会、正式内閣が回復されるまでは、李鼎新はしばらく臨時総司令の名義で上海に留まり、海軍の現状を維持し続ける。

護法政府樹立のために南下した程璧光も「南下宣言」で同じように、旧約法の回復を訴えている。

我が海軍将士は鉄血で共和を構築し、鉄血でこれを擁護してきた。［……］我が海軍将士は次の三点を求める。一、約法の擁護、二、国会の回復、三、［「張勲の復辟叛乱の」］首謀者の懲罰。求めるのは共和の実態であり、共和の虚名ではない。

孫文は当時の最大艦船である「海琛《かいちん》」に乗船し、海軍の艦船に守られて、上海から広州へ凱旋した。広東出身の元大総統が故郷の広州へ戻ったのである。広東督軍（都督を改称）や広東省長も孫文を歓迎した。広州には、程璧光に率いられた海軍艦隊が結集し、「護法艦隊」が形成されたのである。

広州「護法軍政府」と孫文大元帥

新政府、といっても地方政権であるが、権力の正統性を国会に求めた。北京政府に対抗する中央政府の体裁を整えるために、旧国会の議員に広州へ南下するように求めたのである。この呼びかけに百二十余人の国会議員が応じて、一九一七年八月二十五日に「国会非常会議」（定員不足で「非常」とした）を開催した。黎元洪は南下合流しなかった。その結果、非常国会は「中華民国軍政府」の樹立を決議した。中華民国軍政府陸海軍大元帥に孫文を選出した。有力西南軍閥も引き込もうとして、雲南軍閥の唐継堯、広西軍閥の陸栄廷の二人を元帥に選んだ。

大元帥・孫文。外交総長・伍廷芳《ごていほう》（清朝の外交官。南京臨時政府の司法総長）。財政総長・唐紹儀。陸軍総長・張開儒《ちょうかいじゅ》（孫文支持の雲南軍人）。海軍総長・程璧光。交通総長・胡漢民。内政総長・孫洪伊。軍政府秘書長・章炳麟。総参謀長・李烈鈞、という「呉越同舟」であって、まるで南京臨時政府時代のような混成チームであった。

孫文の関心は、ひたすら権力奪取であり、南京での臨時大総統を辞して以来、久しぶりの権力復帰である。これがいわゆる「第一次広東軍政府」であり、「広州護法政府」と呼ばれた。だが軍政府という名の政権であったが、孫文が構想した『建国方略』のいう軍政府構想とは大きくかけ離れていた。孫文の元来の軍政府構想は、軍法に依拠する政権で、国会や憲法（約法）のない、すなわち国会に縛られない軍事政権であった。しかし、この軍政府は旧国会の権威にすがった野合的寄り合い所帯であったから、孫文構想を貫くことはできなかった。

こうした寄り合い所帯が、長続きするか、初めから心配であった。もともと孫文は広州護法政府を大きく育て、広東や西南地方の政治改革、実業振興に乗り出すことに関心を抱かなかった。孫文は、この護法政府を拠点に北伐軍を組織し、北京の軍閥政権打倒、天下統一を夢見ていた。しかしこの護法政権を支えていたのは、中華革命党の軍事力ではなく、程璧光が率いる海軍力であり、唐継堯の雲南軍、陸栄廷の広西軍であった。ところが唐継堯、陸栄廷は地方軍閥であり、天下をうかがうことに消極的であった。二人は北京の段祺瑞支配から自立を宣言したものの、勝手に南下してきて護法政府を樹立した孫文たちに不信感を抱き、孫文大元帥に次ぐ元帥職を与えられたが就任しなかった。そして、孫文の支持者であった海軍総長の程璧光が一九一八年二月に暗殺された。孫文は軍事基盤を失ったのである。皮肉にも暗殺したのは孫文の側近であった朱執信《しゅしっしん》であった。各派の対立を調停する八方美人的態度に不信感を抱いた結果である。だが孫文は程璧光の死を嘆いた。中華革命党内部も足並みがそろっていなかった。

当初、孫文大元帥の絶対的支配力が貫徹していたが、反撥する勢力は孫文追い落としへ暗躍した。孫文単独の決定システムを改め、合議制となった。七人の政務総裁による政務会議での合議に変えたのである。孫文を絶対的な領袖とは認めなくなったことを意味している。こうした工作の黒幕は、政客集団である政学系の岑春煊や李根源であったという。

結局、孫文は大元帥の席をはずされた。複数の総裁が協議して決めることとなった。権威を否定された孫文は、一九一八年五月に広州を去って上海に戻った。黒幕として暗躍した岑春煊が主席総裁となった。一九一七年八月から翌年五月まで、孫文にとって、一年足らずの護法軍政府であった。

陳独秀の孫文・護法政府観

この時期、陳独秀は北京大学で、遠く広州で進行した孫文ドラマをどのように眺めていたのだろうか。『陳独秀著作選編』第一巻をめくっても、護法政府に関する文章はなかなか現れない。一九一七年六月に『新青年』に発表された「時局雑感」だけであろうか。そこではじめて「孫文」の名称が登場する。

この百年、中国国内でもっとも名が知られた人物は、曾国藩《そうこくはん》、李鴻章、袁世凱、康有為、孫文の五人である。孫氏たる人物の評価はまだ定まっていない。〔……〕今、政権にあっては黎元洪、段祺瑞、在野にあっては孫文、岑春煊、梁啓超、唐紹儀、章炳麟が著名人であるが、まだ一時的であってその毀誉褒貶は定まっていない。

孫文の名を二度あげ、著名人の列に掲げているが、その評価を逃げている。当然ながら、護法政府の動きを称讃した形跡はない。ただ孫文、岑春煊、梁啓超、唐紹儀、章炳麟は、いずれも広州護法政府関係者である。しかしその名声は一時的であるといい、積極的に褒めたたえてはいない。
もちろん、段祺瑞らの軍閥支配に対しては、大きく批判している。

袁氏執政以来、この驕兵叛将《きょうへいはんしょう》が国中をあまねく害した。段氏がそれを継承し、とどまるところを知らない。今また眼をこすれば、万悪不法な張勲、倪嗣冲《げいしちゅう》が横戈驕馬《おうかきょうば》し、北京や天津で起義を自称した。国内の賢人豪傑は賊を打ち負かそうとはせずに、どうにか調和ある進展を願っている。ああ！　中華民国はどのような世界になるのか。これらの兇頑を取り除かなければ、一切の理財、治軍、興学、殖産はすべて語るに足らずだ。一切の国会、憲法、新政、法理はすべてが戯言《ざれごと》となってしまう。

この文章を読めば、明示していないが、段祺瑞政権に対抗して広州に護法政府を樹立した孫文を評価しているようでもあるが、その「毀誉褒貶は定まっていない」とくぎを刺している。逆に今さら「護法」を掲げて軍閥混戦に参加する愚かさを訴えているようにも思える。

第六章　マルクス主義者となって中国共産党創設

「五四運動」以後

不平等条約破棄を求める中国の要求が認められなかったパリ講和会議に対する反撥で、一九一九年五月、大規模な民衆運動である「五四運動」が勃発した。

毛沢東は、この「五四運動」を、旧民主主義から新民主主義への分水嶺とみなしたが、確かに中国思想運動、政治運動を大きく転換させた。中国で本格的にマルクス主義への関心が高まり、それは関心に留まらず、一気に「中国共産党」が結成された。その中心にあったのが陳独秀である。また孫文も、秘密結社の性格が強く、孫文独裁の私党だった中華革命党を新しい時代に適合させるために外部に開かれた公党へ衣替えさせ、「中国国民党」と改称した。辛亥革命後の議会政党名が「国民党」であって、この「中国国民党」はまったく異質のものである。ただこれからは「中国」を省略して、便宜上「国民党」とさせていただく。
この孫文の新しい国民党は、大きな政治的決断を行った。護法政府を追われた孫文は、起死回生の活路を見出すために、ロシア革命によって誕生したコミンテルン（世界共産党の指令本部。英語では Comintern, Communist International の略称。中国語では「共産国際」）、ソヴィエト・ロシア（ソ連）、ボルシェビキ（ソ連共産党）と提携し、そのもとで誕生した中国の共産党と提携することとなった。これが有名な「国共合作」（国民党と共産党の提携）である。

陳独秀――ウィルソン「平和の十四カ条」礼賛と失望

本書の主役である孫文も陳独秀も、「五四運動」を契機に大きく変わることとなった。「五四運動」の勃発直前まで、陳独秀は北京大学文科学長であった。前年十二月、李大釗らと『毎周評論』を発刊し、従来の思想革命に限定されず、政治改革を唱えはじめた。そこではデモクラシーの使徒として、「平和の十四カ条」を掲げるアメリカのトーマス・ウッドロウ・ウィルソン大統領を高く評価していた。

アメリカ大統領ウィルソンの幾たびもの演説は、いずれも公明正大であり、現在の世界最高の人物といえるであろう。彼が話したことは数多いが、そのなかで一番重要なのは二つの主義である。第一に各国が強権を用いて他国の平等と自由を侵害することを許さない。第二に各国の政府が強権を用いて庶民の平等と自由を侵害することを許さない。この二つの主義は、まさに公理を重んじ、強権を重んじないものである。

（『毎周評論』発刊の辞）

ウィルソンを「世界最高の人物」と祭り上げたのである。

この時期、すなわち強権的なドイツ帝国が敗北した第一次世界大戦後のキーワードは、「公理が強権に戦勝する」という合言葉であった。「公理」とは平等と自由であり、「強権」とは武力に恃《たの》んで他者の平等と自由を侵害することであった。ウィルソン大統領の「平和の十四カ条」は、まさに「公理」の典型と映った。その思いは一九一九年三月に発生した朝鮮独立万歳運動（三一事件）の直後に書かれた「朝鮮独立運動の感想」に現れている。さきに、五年前に陳独秀が朝鮮民族は「浮薄な民」と決めつけた朝鮮観を紹介したが、ここでは一転して、朝鮮民族の自覚を高く評価している。

今回の朝鮮の独立運動は偉大、誠実、悲壮であって、明らかに正しい観念である。

民意をアピールして武力をふるわなかった。世界革命史に新しい紀元をもたらした。我われはこれに対し讃美、哀傷、興奮、希望、慚愧《ざんき》などの感想を抱いている。

特徴は、その非暴力運動を高く評価していることだ。そこには五年前と違って、朝鮮民族の民意の成熟がみられることを強調したかったのであろうか。そうではない。朝鮮独立という「公理」が、非暴力な方法で要求されたことに対する高い評価である。「世界革命史に新しい紀元をもたらした」とまで断言した。「公理が強権に戦勝する」という真理を、三一万歳事件の非暴力的請願運動に見出そうとしたのである。公理を求める理性的運動が暴力的な強権に戦勝したと解釈したのである。

だが、朝鮮独立万歳運動のさなかに開かれたパリ講和会議において、民族自立の「正義」が葬り去られた。これに憤慨した陳独秀は非暴力運動に別れを告げるようになる。そして愛してやまなかった「公理が強権に戦勝する」というスローガンを掃き捨てた。

ウィルソン絶讃からわずか三カ月後の一九一九年二月、パリ講和会議の進展で、中国の要求が列強の反対で握りつぶされた現実を見て、次のようにウィルソン大統領をこき下ろしている。

ある人たちは孫中山がいつも理想ばかりを語るので「孫大砲」［大ぼら吹きの孫］というあだ名をつけている。ウィルソン大統領の平和に関する十四カ条演説は、今になっても大半が実行不可能な理想なので、我われは彼を「ウ大砲」［大ぼら吹きのウィルソン］と呼んでもよかろう。

（「大ぼら吹きのウィルソン」）

孫文が大風呂敷を広げ、大法螺ばかり吹くので、「孫大砲」（中国語では「孫大炮」）とあだ名されていた。それは陳独秀が名づけたものではないが、ここで紹介したのは、自分もそのように認識しているという意思表示ではなかろうか。「孫大砲」は言いえて妙なる言葉であった。

陳独秀はここで「大ぼら吹きのウィルソン」を悪い意味で使用しているが、「孫大砲」に限っていえば、実はそれほど悪い意味で使用されていたものではない。いい加減な、しかし幅広く清濁併せ呑む点が、指導者として生き残っていく要素であると、高く評価された傾向も否定できない。

陳独秀のウィルソン評価は、「世界最高の人物」から「大ぼら吹きのウィルソン」に、天から地に突き落とされたのである。いったい何が評価を百八十度転換させたのか。

一九一九年一月から六月に開かれた対ドイツの戦後処理を協議するパリ講和会議が陳独

秀を大きく変えた。パリ講和会議には、ドイツを破った列強が参加したが、対独宣戦布告をしていた中国も参加が認められた。中国にとって国際会議へのデビューであった。その講和会議に期待していた陳独秀は、大きく裏切られた。その結果に絶望し、怒りは次のようなものであった。

パリの和平会議は各国とも本国の権利を重視、どんな公理、どんな永久平和、どんなウィルソン十四カ条も、どれもかれも一文の値打ちのない空語《くうご》となった。[……]戦利品の山分け会議は世界の永久平和と、人類の真の幸福とは遠く隔たっており、全世界の人民はみな立ち上がって、直接的に解決しなければならない。

（「二つの和平会議は無用である」）

陳独秀は「平和の十四カ条」を掲げたウィルソン大統領の民族自決論に期待し、欧米民主主義がドイツの専制主義を打ち破ったとする流行語「公理が強権に戦勝する」という言葉を信じていた。ところが現実がその言葉を裏切った。パリ講和会議で、対華二十一カ条要求の撤廃を中国は要求したが、山東主権は日本に奪われたままで、中国側の主張は何一つ実現しなかった。陳独秀は、そこに帝国主義的野望を克服できない欧米国家の醜態を見出した。それは換言すれば西欧啓蒙主義思想、西欧民主主義の限界である、と決断することとなったのである。

それまで言論活動に徹していた陳独秀は、だんだんと封印していた政治活動へ復帰することとなった。

西欧啓蒙思想からマルクス主義へ

ウィルソン大統領への訣別は、陳独秀の西欧啓蒙思想への信仰からの訣別宣言であった。パリ講和会議の結果に失望した陳独秀は、西欧啓蒙思想の道を離れ、それに代わって新たにマルクス主義への道を歩みだした。政治活動の再開と同時に、新しく受け入れたマルクス主義は、一気に中国に共産党の組織を創設するというエネルギーを発揮した。「マルキスト・陳独秀」が誕生したのである。

北京大学からの別れでもあった。「五四運動」に同調し、「北京市民宣言」という政府批判のビラを撒いたことで逮捕された陳独秀は、結果として北京大学を辞すこととなった。そして再び上海に戻って『新青年』の発刊を続けた。しかし、以前の陳独秀ではなかった。新たに「マルクス主義研究会」を立ち上げ、ついに一九二一年七月の共産党創立大会へと歩みを開始したのである。西欧民主主義の素晴らしさを強調していた陳独秀は、「五四運動」のうねりの中から新しい道を探りはじめた。

孫文と陳独秀がはじめて顔を合わせた一九二〇年

五四運動が勃発して約一年がたった一九二〇年三月三十一日、上海で画期的な出来事があった。孫文と陳独秀がはじめて会ったのである。孫文が陳独秀を宴会に招待して実現した。少なくとも孫文と陳独秀を語る本書では、二人の巨頭会談の実現は時代を変えることになるビッグニュースである。といっても、中国近代史の歴史書では、まったく重視されない会談であるが。孫文の詳細な年譜記録である陳錫祺主編『孫中山年譜長編』下冊にも、当日の欄に、陳独秀との会合が記されていない。

何度でもいうが、孫文が日本に亡命し、同盟会を設立した前後、陳独秀も東京へ勉学渡航し、二人が会う機会は度々あったはずである。しかし会っていない。陳独秀は、章炳麟、章士釗、蘇曼殊ら同盟会と関係をもった著名な連中と親しく知り合っていながら、領袖・孫文には会っていない。明らかに避けていたという以外にいいようがない。そして孫文が一九一二年に臨時大総統となって、中国政局のトップに躍り出てから八年、陳独秀が『新青年』を発刊して「思想界の明星」となって名を轟かせてからも五年、ともに相手の名前は十分に耳に入っていたにもかかわらず、一九二〇年という時代が変わりはじめた時になって、やっと二人の巨星は相まみえたのである。

二人を引き寄せた一九二〇年とはどのような年であったのか。

広東軍総司令であった陳炯明が広州を攻め落とし、十一月末に再び孫文を迎えて第二次広東軍政府が樹立された。護法政府から追われていた孫文は、上海で再起をうかがっていた。一九一九年には上海で「五四運動」を経験し、中華革命党を解体して、広く党員を求める国民政党としての「中国国民党」に組織替えをしていた。そして二〇年末に広州へカムバックしたのである。

ロシアと中国の関係も大きく変わりはじめていた。辛亥革命運動の出発点が、帝政ロシアの東北部占拠であって、それに反対する「拒俄」運動が、中国各地に革命結社を生むこととなった。その宿敵・帝政ロシアで一九一七年にレーニンを指導者とするボルシェビキ(後にソ連共産党)が「ロシア十月革命」を成功させた。社会主義政権のボルシェビキは帝国主義的侵略外交を否定し、帝国主義列強の侵略で苦しんでいた周辺の民族国家との友好関係を築こうとした。中国には二度にわたる「カラハン宣言」(一九一九年、二〇年)を発して、帝政ロシアが結んだ不平等条約の一方的破棄を宣告した。

コミンテルンの民族統一戦線結成決議

侵略の根拠となっていた不平等条約を一方的に破棄する行為は、これまでの帝国主義列強では考えられないことである。パリ講和会議で、列強が「戦利品の山分け会議」を開いたのとは大きな違いであった。当然、中国においても革命ロシアに目を向ける人々が多くなった。それだけではない。一九二〇年七月にモスクワで開催されたコミンテルンの第二次代表大会での「民族・植民地問題についてのテーゼ」は次のように決議している。

ソヴィエト・ロシアと、すべての民族解放運動や政治的解放運動とのもっとも緊密な同盟を実現する政策をとらなければならない。

中国においても、一方では共産党を組織すると同時に、共産党以外の民族自立的な解放運動を進めている政党、指導者との「民族統一戦線」を築くことが求められた。問題は、どのグループが、同盟を結ぶ相手としてふさわしいかということである。当初、民族的色彩が強いといわれていた直隷派軍閥の呉佩孚が検討されたが、最終的には孫文の国民党が選ばれた。

コミンテルンと革命ロシアは中国に橋頭堡《きょうとうほ》を築き上げるために、積極的に手を差し伸べた。一つはマルクス主義者へ、一つは民族主義者へ。その釣り針にかかったのが、陳独秀であり孫文であった。

陳独秀のマルクス主義への接近

パリ講和会議に絶望した陳独秀は、積極的に政治を語るようになり、またマルクス主義への関心を深めた。当時のマルクス主義政党は帝国主義的植民地政策に反対し、弱い立場に突き落とされている労働者の救済と団結を唱え、新しいプロレタリア文学を語っていた。その魅力にひかれたのであろう。

陳独秀の著作から、啓蒙的民主主義者からマルクス主義への転換をはっきり跡づけることは難しい。しかし、具体的な政治実践が、それを明らかにしている。まず著作の上での変化を追っかけると、次のようであった。

一九一九年十二月の「過激派と世界和平」で、はじめてボルシェビキを紹介している。紹介の仕方が微妙である。ボルシェビキ反対派の非道を強調することで、間接的にボルシェビキに共感を示しているからである。

日本人は Bolsheviki を過激派と呼ぶことに固執し、各国の政府・資本家ともに強く憎んで、それが世界平和を乱すと皆がいう。Bolsheviki が世界平和を乱すかどうかは、しばらく論じない。Bolsheviki を強く憎む各強国は、日々どこかで弱小国の土地・権利を侵略している。［……］現在彼らに反対する人は、なお従前のまま軍国侵略主義を懐いて個人、一階級、一国家の利己主義を棄てることができずにいる。

李大釗はロシア革命の翌年には「フランス革命とロシア革命の比較観」「庶民の勝利」「Bolshevism の勝利」なるロシア革命称讃の文章をたて続けに発表した。ところが陳独秀がマルクス主義を語るようになるのは、上記のように、李大釗に遅れること約一年だった。多くの人は、一九二〇年九月の『新青年』に発表した「政治を語る」が、マルクス主義への転向宣言であると見なしている。権力を否定するアナキストや、あるいは国家社会主義者への反論であるが、そこでの主張は確かにマルクス主義の色彩が濃厚である。国家や強権を否定する連中に対して、プロレタリア階級独裁の強権国家の必要性を訴える。それまでの陳独秀は西欧デモクラシーを金科玉条のごとく信仰し、ドイツのような強権国家、袁世凱政権だけに限らず革命軍独裁などのすべての強権政権、そして不平等な「三綱」秩序で虐げられた庶民が苦しむ強権社会などを全面的に批判していた。それに比べれば大きな転換である。

強権を憎むべき理由は、それを利用して強者や非道を擁護し、弱者や正義を抑圧する者がいるからである。もし逆に、それを利用して弱者や正義を救い、強者や非道を排除するならば、憎むべきとは限らない。ここから強権を憎むべき理由は、その用法にあるのであって、決してそれ自体にあるのではないということが分かる。

強権すべてが悪いのではなく、世の中には「悪い強権」と「よい強権」があるというようになる。マルクス主義の言葉でいえば、ブルジョア階級独裁は「悪い独裁」であって、プロレタリア階級独裁は「よい独裁」というが、それを受け入れたのであろう。そして、典型的なマルクス主義的解説が登場した。

我われは世界各国で最も不平等で最も苦痛なことは、他でもなく、少数の遊惰で消費をする資産階級が、国家、政治、法律などの機関を利用し、多数の勤勉で生産する労働階級を資本勢力の下に抑圧し、牛馬・機械にも及ばない扱いをしていることだと知らねばならない。このような不平等と苦痛をなくすには、抑圧された生産する労働階級が自ら新しい実力を造り上げ、自ら国家の地位に立ち、政治、法律などの機関を利用し、抑圧する資産階級を完全に征服するほかなく、そうしてはじめて財産の私有、賃金労働といった制度をなくし、不平等にすぎる経済状態をなくすことが望みうるのである。

確かにここではマルクス主義という言葉が出ないが、まさにマルクス主義の革命理論を紹介したものになっている。

ヴォイチンスキーの派遣

このマルキスト宣言に至る道に、コミンテルンが深く関わっている。一九二〇年という年、コミンテルンは中国にヴォイチンスキー（Grigori N. Voitinsky）なる人物を派遣して、共産党建設の道を探らせた。ヴォイチンスキーはシベリアのイルクーツクにつくられたコミンテルン極東支局から中国へ派遣された。ヴォイチンスキーの目的は、中国における共産党設立の可能性を探ることと同時に、コミンテルン極東支局の拠点を中国に造ることであった。早速、上海にコミンテルン東アジア事務局を開設した。

四月、ヴォイチンスキーは北京に入って、まずマルクス主義者となっていた李大釗に接触した。「新文化運動」の仲間であった李大釗は早くからロシア革命やマルクス主義を讃美していたからである。だから当然の接近であった。ところが李大釗は、私よりもむしろ陳独秀と協議した方がベストな選択であると推薦した。陳独秀はマルクス主義に関心を示しはじめていたが、完全にマルクス主義者を自称するには至っていなかった。しかし上海に戻った陳独秀は、「五四運動」を契機に高まった労働運動を励ますようになっていた。五月の『新青年』を「メーデー特集号」と題したほどである。李大釗は、マルクス主義の理論的な側面より、「新文化運動」で見せた陳独秀の組織力に期待したのであろう。

ヴォイチンスキーは早速上海に向かい、陳独秀と協議に入った。初期共産党運動の参加者であった李達《りたつ》の回想は次のとおりである。

ヴォイチンスキーは上海にやって来ると、『新青年』、『星期評論』、共学社などの雑誌、グループの多くの責任者のもとを訪れた。たとえば陳独秀、李漢俊《りかんしゅん》、沈玄廬《ちんげんろ》、その他の当時に進歩的といわれていた人びとだ。幾度も座談会を開いた。〔……〕何度かの座談を通し、マルクス・レーニン主義者はわずかであるがソヴィエト・ロシアとロシア共産党の状況をはっきりと知ることができるにつれ、一致した結論に達した。「ロシア人の道を歩もう」。この時、中国共産党設立は日程に組み込まれはじめた。

これはちょっとオーバーであるが、確かにコミンテルンからの使者が陳独秀たちに接触してから中国共産党結党までのテンポはきわめて速かった。

「マルクス主義研究会」のスタート

陳独秀は五月、上海に「マルクス主義研究会」を組織した。勉強会の場所は、陳独秀の自宅であった。

邵力子《しょうりきし》の回想では、そのメンバーは次のような状況であった。

上海マルクス主義研究会は三種類の人々で組織されていた。(一)日本留学生で、李達、李漢俊など。(二)杭州一師の学生で、陳望道、施存統《しそんとう》など。(三)国民党の一部で、戴季陶《たいきとう》、沈玄廬、邵力子など。

マルクス主義研究会が始まった時、活動は翻訳と文章でマルクス主義思想を宣伝することだけであった。李漢俊、李達、陳望道の三人が比較的多くを書き、後に周仏海《しゅうふつかい》もまた一つ書いた。彼らはみな日本留学の学生だった。その時、マルクス主義の主要な書籍は日本から持ち帰ったものであった。翻訳、文章だけでなく、同志と連絡をとることも仕事であった。商務印書館の沈雁冰《ちんがんひょう》、楊賢江もだんだんとマルクス主義へ接近してきた。

沈雁冰は後に共産党系の著名な作家となり、茅盾《ぼうじゅん》の名で知られる。この段階では、どちらかといえば思想運動であり、政党運動ではなかった。いろいろな出自の人々が参加しているのは、多くは陳独秀の名声に惹かれて来たからだろう。特徴的なことは、国民党の論客が参加していることである。特に、後に有名な反共主義者となる戴季陶が参加していることは注目に値する。石川禎浩『中国共産党成立史』によれば、戴季陶がもっともマルクス主義への知識が深かったという。

「一九二〇年前後において、上海で最もマルクス主義学説、とくに日本の社会主義研究の動向に通暁していたのは、この戴季陶、および中国語版『共産党宣言』の校訂をした李漢俊であった。そして、一九二〇年初頭に上海に移った陳独秀にマルクス主義の豊富な知識を伝え、かれとともに上海共産主義グループの中心的メンバーとして、マルクス主義研究に尽力したのは、とりわけこの戴季陶である」。

だが、戴季陶は途中から離脱した。それはマルクス主義の理論研究の段階から、マルクス主義政党の組織化へと駒を進めたからである。ロシア革命後、孫文はソヴィエト・ロシアに関心を抱きはじめていた。五四運動の後、孫文は『建設雑誌』を創刊して、孫文側近の戴季陶や胡漢民たちはマルクス主義に関する論文を発表していた。それは、革命国家としての隣国ロシアを支えるマルクス主義理論を学ぶことは、新しい中国国民党の建設に役立つであろうと考えたからである。だが、理論研究に留まらず、共産党結党の道を歩むこととなれば、孫文側近である戴季陶にとって、参加の目的が異なる。脱退せざるを得ない。

「共産主義小組」結成

こうして陳独秀はヴォイチンスキーの協力で「上海共産主義小組」結成へ動きはじめた。事実上の共産党結成である。結成時期は、一九二〇年六月とか七月とか、あるいは八月、十一月だとか、漠然と夏だとか、諸説がある。とにかくマルクス主義研究会は、事実上の共産党結成に近い上海共産主義小組結成へと移ったのである。参加者である李達の回想は次のように記録している。

「一九二〇年八月」私は「日本から」上海に戻ると、まず陳独秀を訪れたが、社会革命党派の組織化に話が及んだ。彼がいうに、李漢俊と一緒に中共の組織化を準備しているさなかだ、と。そして私の参加を求め、発起人となった。発起人は八名で、陳独秀、李漢俊、沈玄廬、陳望道、兪秀松《ゆしゅうしょう》、施存統（日本在）、楊明斎《ようめいさい》、李達。会議には毎回ヴォイチンスキーが参加した。まず党章らしきものを定めようとして、李達が二枚の八行用紙を取り出して書いた。いわゆる党の綱領で、そこに書かれた文字は「労工専政、生産合作」の八文字であった。陳独秀を書記に選んだ。各地の社会主義分子に書簡を送り、支部を組織させると決議した。

「共産主義小組」の名称は、「社会主義小組」とか、あるいは最初から「共産党」ないしは「社会党」と呼ばれていたという回想も多い。当初、北京の党員は李大釗と張申府《ちょうしんぷ》の二人だけであった。張申府の回想によれば、陳独秀も悩んでいたという。

党の名称について、陳独秀から一九二〇年八月に相談の手紙を受けた。共産党と呼ぶべきか、それとも社会党と呼ぶべきかと。まだ定まっていなかった。のちにヴォイチンスキーがいうように共産党と呼ぶこととなり、［北京の］我われも同意した。

その組織は十一月に機関誌『共産党』月刊を発刊しており、「中国共産党宣言」が書かれている。これをもって、結党という説も多い。モスクワで開かれた極東諸民族大会（極東勤労者大会）に参加したChang（張太雷らしい）の同宣言解説（一九二一年十二月十日の日付）では、時期を明記している。わずか一年後の記述であるから、思い間違いもなく、かなり確実であろう。

この宣言は中国共産党が昨年十一月に決定したものである。

陳独秀は『新青年』を実質的にマルクス主義の宣伝機関誌に変えていることからも、この時期、実質的に中国共産党が産声《うぶごえ》を上げたといっていいであろう。一九二〇年九月、陳独秀は実質的なマルクス主義者宣言である「政治を語る」を発表している。共産党の労働運動指導者である鄧中夏《とうちゅうか》の『中国職工運動簡史』（一九三〇年）は一九二〇年設立説を展開している。

一九二〇年夏、中国共産党が成立した後、労働者のための小さな雑誌を出版しはじめた。上海は『労動者』、北京は『労動音』、広州は『労動声』という名で出版された［中国語では、労働は「労動」と表記する］。

もちろん正式の建党は、翌年一九二一年七月の創立大会（第一次全国代表大会）であることには変わりない。その正式大会には陳独秀は出席していない。広州にいたからである。一九二〇年末に成立した第二次広東軍政府の陳炯明広東省長から教育委員会委員長に招かれ、十二月に上海を離れて広州へ向かっていた。そして広東における党組織建設の仕事を譚平山《たんへいざん》と一緒に熱心に行った。

一九二〇年三月、孫・陳の初会合

在華利権の一方的放棄を謳った第二次カラハン宣言。コミンテルンからの使者派遣。陳独秀のマルクス主義者への転向。実質的な共産党組織。第二次広東軍政府の成立と孫文の陸海軍大元帥への復帰。第二次広東軍政府広東省教育委員会委員長への陳独秀就任。

孫文と陳独秀がはじめて顔を合わせた一九二〇年は、こういう一年間であった。この激動の一九二〇年ともいうべき年の三月三十一日、孫文と陳独秀ははじめて顔を合わせた。任建樹の陳独秀伝では、次のように簡単に述べているに過ぎない。

「孫中山は陳独秀を宴会に招いた。胡漢民、廖仲愷、戴伝賢（季陶）も陪席した。これが孫と陳ご両人のはじめての顔合わせであった。酒宴の間、二人の革命領袖が何を話したか、定かでない。しかしこの一ヵ月ほど後に、孫中山が筆を揮った「天下為公」の四文字が陳独秀主編の『新青年』メーデー記念号を飾った。同年十一月、二人は並んで上海機器労働組合の成立祝賀会に出席した。この二つの出来事から察するに、二人はきっと今後どのように協力共同して中国革命を推進するかを語り合ったに違いない」。

『民国日報』(一九二〇年十一月二十二日)によれば、確かに上海機器労働組合の成立大会で孫文と陳独秀が出席し、孫文は二時間にわたって演説したとある。ヴォイチンスキーが上海で孫文に最初に会ったのも、一九二〇年秋に陳独秀の紹介であったと、二五年三月の『プラウダ』に出会いの一文を寄せている。

二人の出会いは、その後の孫文と陳独秀の複雑な協調と対立の関係を始めるスタートであった。年末、第二次広東軍政府が樹立されると、大元帥の孫文からの招聘ではなく、孫文のもとにあって広東軍の実力者でかつ広東省長であった陳炯明からの招きであったものの、それに応じたのも、こうした背景があったからであろう。だが、これをもって、孫文と陳独秀の協力関係が築かれたというのは、大きな間違いである。

中国共産党創立大会

上海に行くと、旧フランス租界の面影を残す煉瓦造りの建物が復元されて繁華街となっている観光名所「新天地」でコーヒーやビールを飲みながら、租界時代の上海を思い浮かべるのも楽しい。その近くに、中国共産党一全大会址の洋館（旧博文女学校）が保存、展示されている。一九二一年七月二十三日から創立大会（一全大会）が開かれ、全国から集まった代表十三人が参加した。またコミンテルン代表として、ヴォイチンスキーに代わってマーリンらが臨席した。「全国から集まった」というのは皮肉で、当時の共産党員はわずか五十人余（五十三人説が濃厚）しかいなかった。

参加した連中より、参加しなかったメンバーの方に興味がある。まず領袖の陳独秀が創立大会というのに参加していない。当時、第二次広東軍政府広東省長の陳炯明に招かれて広州で広東省教育委員会委員長を務めていた。国共合作の第三次広東軍政府のもとで、広東共産党の最高指導者となる譚平山も広州に留まったままであった。共産党の重鎮となる李大釗は、北京に居たままである。その後のビッグ・スリー（陳、李、譚）は、参加していない。それでも党が誕生したのは、やはり陳独秀のおかげであった。彼は広州から「党章」案を送り、遠隔操作をしていたからである。

参加した十三人は、〔上海〕李達、李漢俊、〔北京〕張国燾《ちょうこくとう》、劉仁静、〔湖南〕毛沢東、何叔衡《かしゅくこう》、〔山東〕王尽美《おうじんび》、鄧恩銘《とうおんめい》、〔湖北〕董必武《とうひつぶ》、陳潭秋《ちんたんしゅう》、〔広東〕陳公博《ちんこうはく》、〔日本〕周仏海、〔陳独秀指名〕包恵僧《ほうけいそう》、それに〔コミンテルン〕マーリンとニコルスキー。

参加者のうち、その後に共産党から離れた党員も少なくない。

陳公博はすぐに共産党を離れて一九二三年にアメリカで学び、帰国後は国民党に入党した。汪精衛を支えた国民党左派・改組派のリーダーとなる。抗日戦争では汪精衛政権のもとで日本に協力して、戦後に漢奸《かんかん》として処刑された。

周仏海も一全大会後に日本に渡って日本通となり、一九二四年には共産党を離れ、二七年に国民党に参加した。のちに汪精衛政権に入り、漢奸として逮捕され、獄死した。

李達は一全大会、二全大会に参加したが、一九二三年秋に共産党を離れ、さまざまな大学で教鞭をとった。マルクス主義哲学や経済学を教え、「紅色教授」と呼ばれた。中華人民共和国が成立すると、再び共産党へ入党した。

李漢俊は一九二三年の三全大会後に共産党を離党除名。北伐軍が武漢に入ると国民党に参加したが、一九二七年に武漢で軍閥軍に殺害された。

張国燾は党中央の重要ポストを歴任し、一九三〇年代の国共内戦期の「長征」にも共産党の紅軍を率いて参加した。ライバル毛沢東と対立し、権力闘争に敗北して一九三八年には除名された。香港に逃れ、カナダに亡命した。

劉仁静は当時十九歳で最も若い参加者である。その後、留学先のモスクワでトロツキスト派に参加し、帰国後に陳独秀と一緒に中国トロツキー派組織を結成して共産党から除名された。

包恵僧は国共合作期まで共産党幹部として武漢、広州で活動した。国共合作崩壊後、共産党を離れ、国民党政府へ参加。共産党政権が誕生すると、新政権に協力し、共産党創設期について多くの回想を語っている。

十三人中、半数以上の七人が共産党を離れている。陳独秀もトロツキスト宣言をして、自分を総書記の座から突き落としたコミンテルン、後継の党中央を批判した。その結果、正式結党からわずか八年後の一九二九年十一月、共産党から除名された。中国共産党の始祖でさえ除名されたのであるから、初期共産党員がイバラな道を歩んだのは当然かもしれない。

第七章　広東軍政府の建設とコミンテルンの支援

広東の英雄・陳炯明の登場

孫文は広州護法政府を追われて、上海で雌伏していた。陳炯明がその苦境を救った。広東軍人の陳炯明は、清末から同盟会に参加した孫文の配下である。辛亥革命では、革命軍を組織して総司令として広東の革命戦争を指揮した。広東軍政府が成立して胡漢民が都督に就任したが、軍事的力量が弱く、陳炯明軍の広州入城を要請し、要請に応えて広州に入城した。その功績で、陳炯明は広東副都督となった。胡漢民は帰国した孫文と一緒に南京の中央新政府秘書に移ったため、広東都督代理として、実質的な広東の支配者となった。省内の部隊を統制し、陳炯明に忠誠を尽くす広東陸軍を創設した。広東のヒーローが誕生したのである。

第二革命が勃発して、孫文が袁世凱打倒を唱えた討袁軍を組織し、李烈鈞、柏文蔚、黄興らが軍事蜂起した。陳炯明も広東の独立を宣言して、足並みをそろえたが、他の連中と同じように袁世凱の政府軍に敗れて、陳炯明の広東支配の第一幕が閉じた。

陳炯明は香港からシンガポールに亡命し、フランスなどを外遊して、革命の再起を狙っていた。それは早くやってきた。亡命中に中華革命党が成立した。陳炯明は黄興らと意見を共にし、参加を拒否しているが、再び孫文と融合することとなった。袁世凱討伐の護国戦争が勃発したからである。広東に戻った陳炯明は一九一六年一月に「広東都督兼討逆共和軍総司令」を自称して、袁世凱打倒の旗を掲げた。しかし肝腎な広州へ攻め込むことができず、新たな広東支配者となった広西軍閥の陸栄廷のもとで護衛軍に組み込まれてしまった。

孫文は広州護法政府（第一次広東軍政府）成立直前の一七年六月、陳炯明を上海に呼んで協力を求めた。再び、故郷広東における二人の提携が実現したのである。一種の野合政府である護法政府のなかに強力な味方がほしかったからである。陳炯明は軍政府第一軍総司令に任命された。

これで、北京の段祺瑞政権と広州の孫文政権という南北分裂となった。段祺瑞政権は安徽派軍閥による政権であって、「武力統一」を目指して南方政府討伐軍を派遣することとなった。護法政府は陳炯明に「援閩粤軍《えんびんえつぐん》」（福建援軍の広東軍）を与え、陳炯明は五千の兵を率いて隣の福建省へ進軍し、福建南部二十六県を占領した。そこに漳州《しょうしゅう》を中心とした「閩南《びんなん》護法区」を樹立した。その後、広州の護法政府は崩壊したが、陳炯明は福建に留まったままであった。ここで、陳炯明は「閩南の星」となったのである。

というのは、この時、陳炯明思想はアナキズム（無政府主義）に傾いていたからである。孫文の要請で広州を攻め落とすために漳州を離れるまでの約一年半、「閩南護法区」にアナキズムの王国を築き上げていた。福建省南部の小さな王国であったが、陳炯明政権は漳州公園の門に、アナキズムの理念である「博愛、自由、平等、互助」の八文字を掲げて、個性豊かな地域政権を打ち立てたのである。一九二〇年元旦、『閩星日刊』を創刊し、アナキズムだけでなく、マルクス主義、ロシア革命、ボルシェビキ思想の紹介をした。陳独秀の『新青年』と同じく、福建の片田舎でも、社会主義の旗を掲げたのである。ちっぽけな権力といえども、中国近代史のなかで、アナキズム政権ははじめての誕生であった。「閩星日刊の発刊詞」で、陳炯明は国家や政府を否定する無政府主義を強調した。

現代世界では、国家主義は必要であり、放棄できない、といわれている。しかし、私はそうは思わない。国家というものは世界が進化する過渡期の組織にすぎない。将来はきっと必要なくなる。国家主義は政治的野心家が「欺世誣民《ぎせいふみん》」の手段に使うもので、人類社会の福音となるものではない。

アナキズムとしては、クロポトキンの相互扶助論、バクーニンの集産主義、トルストイ、白樺派の武者小路実篤などの思想が紹介された。

このアナーキーな思想は、中央集権的で強力な軍事政権の誕生を希求する孫文の道とは大きな違いであった。だが、孫文との関係を切ることはできなかった。一九二〇年八月、陳炯明は個性的な「解放区」であった「閩南護法区」を放棄して、広州奪還を目指して広州進軍を始めた。孫文の要請に応えたのである。

スローガンは陳炯明らしく「広東人が広東を治める」であった。広西軍閥支配からの奪還であり、「粤軍回粤《えつぐんかいえつ》」（広東軍の広東帰還）であった。陳炯明軍は、帰還を待ち焦がれた広東軍の華であった。三カ月の激戦であったが、陳炯明軍はついに広西軍を追い出して、十月末に広州を広西軍閥支配から解放した。大元帥職を解任されて孫文が追い出された護法政府の広州を取り戻したのである。堂々の凱旋であった。この奪還した広東軍政府を、再び孫文に献上した。

第二次広東軍政府の成立

一九一八年五月に広州護法政府を追われて上海で再起をうかがっていた孫文にとって、二年半の月日が流れ、その願望が陳炯明の軍事的努力で実ったのである。喜んで広州に戻った孫文は、一九二〇年十二月一日、陸海大元帥に復帰し、広東軍政府の再建を宣言した。孫文にとって第二次広東軍政府の誕生である。

それは一九二二年六月の陳炯明叛乱までの一年半あまりの短い命であった。だがこの時期は、上海には中国共産党が誕生し、コミンテルンが国民党との提携を開始し、「国共合作」が生まれる舞台を造り上げた転換期でもあった。

この時期に至る孫文の足跡を改めて整理するために年表風にまとめよう。

一九一四年　中華革命党を東京で結成。主要な指導者が不参加。
一九一六年　護国戦争。孫文は日本から帰国したが、護国戦争の主役になれなかった。
一九一七～一八年　広州護法政府（第一次広東軍政府）樹立。大元帥職を追われて上海へ。
一九一八～二〇年　上海で再起を待つ。「五四運動」に遭遇。中華革命党を中国国民党へ改組。
一九二〇～二二年　陳炯明のおかげで第二次広東軍政府樹立。陳炯明の叛乱で孫文政権崩壊。

二度目の広東軍政府時期、孫文は二つの大きな政治課題に直面した。一つは広東に英雄として戻ってきた陳炯明との確執、闘争であり、もう一つはコミンテルン、ソヴィエト・ロシア、ボルシェビキ、中国共産党との提携模索である。

まずは陳炯明との闘争。

陳炯明のおかげで広州政権に復帰できた孫文であるが、陳炯明は昔の陳炯明ではなく、広東では孫文の権威を凌駕する大スターとして孫文の前に現れたのである。一九二一年四月、孫文は再び旧国会議員を掻き集めて「非常会議」を開催し、軍政府を解消し、孫文を大総統とする「中華民国政府」を組織した。形式的には正式政府の誕生であり、もはや地方政権ではなく、堂々の中央政府を自称したが、北京政府が存在する限り、広東の一角に出現した地方政権に変わりはなかった。功績大の陳炯明は四つのポストを兼任した。内務総長、陸軍総長、広東省長、広東軍総司令。「大総統」孫文と、広東の覇者・陳炯明は、まさに「両雄並び立たず」となった。

陳炯明の「連省自治」運動

孫文にとって目障りなのは、陳炯明の権力志向や思想としてのアナキズムではなかった。陳炯明の「連省自治」構想であった。地方自治政権の充実であり、陳炯明の関心は広東省の政治的経済的基盤整備と民主化であった。孫文にとっては、広東は中央政府へ進出するための一時的革命根拠地であり、中央制覇の足掛かりにすぎなかった。北伐戦争を発動して軍閥軍を蹴散らし、北京から、あるいは南京から天下に号令を発する中央志向の孫文に比べて、陳炯明は広東に留まり、そこを地方自治の模範省にしたいと志向したのである。

この時期、全国的に「連省自治」運動が高まっていた。各省が地方自治を確立し、省内に議会を開設し、省議会が省憲法を制定し、省長や県長を選挙で選ぼうとする地方からの民主化である。中央政府は各自治省の連合組織にすぎない。連省憲法に基づく連省国会による連省国家構想である。一種のアメリカの連邦憲法、連邦議会を真似たもので、中央の連邦政府（連省政府）と地方の州政府（省政府）とに分け、地方分権国家を建設しようという構想である。これは明らかに伝統的な中国の統合思想である「大一統」に反していた。皇帝を中心に強力な中央集権国家が続いてきたし、辛亥革命後も辺疆異民族も含めた「大一統」が求められていた。だから孫文も北京の北洋軍閥を打倒し、天下を掌握した「大一統」国家を再建したかった。だが「大一統」政権をめぐっては、大軍閥同士の内戦が泥沼化し、多くの国民からは愛想を尽かされていた。その間隙をぬって、連省自治運動が高まったのである。

連省自治構想は陳炯明独自の思想ではない。一九二〇年ごろから、広東省だけでなく、湖南省、浙江省、雲南省でも進められ、現実に省憲法がつくられたところもある。この運動には多くの学者が動員された。多くの学者が各地の省憲法作成に協力した。有名どころでは梁啓超、章炳麟、胡適などが賛同した。

章炳麟は、護法政府が宝物と見なしていた「約法・国会・総統」が中国を混乱におとしめている「三蠹《さんと》」（害虫）であると批判した。

> 約法は集権に偏り、国会は力に傾き、総統は帝王にならんとしている。
>
> 地方自治で「三蠹」を取り除かなければ、中国は安定しないという。まずは軍政府の樹立を叫びながら、実際は国会の権威を借りて集権的な総統を目指している孫文への批判かもしれない。

湖南省の連省自治運動には、若い時の毛沢東も絶賛している。「湖南共和国」の独立を訴えたほどである。中央は大軍閥混戦で民主化のめどが立たない。まずは地方からの民主化を主張したのである。

陳炯明もこの運動に共感した。広東に凱旋すると、次のように広東主義を打ち出した。

今日以後、広東は広東人民が共有し、広東人民が共治し、広東人民が共享する。

「共有、共治、共享」とは、リンカーンの「of the people, by the people, for the people」の中国語訳である。そして統一志向の孫文も批判している。

中国は、君主政体あるいは武力専制であろうとも、統一を求めることは不可能と信じる。袁世凱は帝制の精神で共和国を統治しようと欲したが、不可能であった。段祺瑞、張勲も皆その轍を踏んだ。孫逸仙博士も武力で中国を統一しようと欲したが、未だ成功していない。

そして陳炯明は広東省長の権限で、二一年八月に県長選挙を実施した。はじめての地方選挙であった。そして十二月に省議会は「広東省憲法草案」を可決した。結局、陳炯明のクーデターで政局が混乱して実施はされなかったが、陳炯明は孫文構想とは別の国づくり、広東づくりを目指していたのである。

陳独秀の連省自治運動批判

陳独秀は、その地方自治の精神には共感しながらも連省自治運動そのものには反対している。中国共産党機関誌『嚮導周報』創刊号（一九二二年九月）で、連省自治の政治的側面を批判している。

私は連省自治、すなわち連邦制度自体、もともと反対していない。［……］中国政局が大混乱しているのは、まさに外国人も悪くいう「督軍政治」［督軍は地方長官の職名］である。大小の軍閥が覇を争っているが、全国の軍備、財政を操っているのは各省の督軍総司令である。中央政府の命令はただの紙切れで、省長は督軍の付属物となっている。省議会は彼らの拡声器である。［……］最近の連省自治論は人民の要求から発生したものではない。湖南、広東、雲南などの省の軍閥領袖が起こしたものである。この事実は誰も否定できない。［……］完全に武力割拠の欲望の上につくられたもので、人民の実際の生活から必要とされたものではない。［……］連省自治のスローガンを掲げた「分省割拠」「連督割拠」を実行せんとするものである。

陳独秀と陳炯明は互いに共鳴して、一時は広東省教育委員会委員長として、陳炯明省長に招聘されたほどである。しかし、この文章は孫文打倒の陳炯明クーデターを起こした後に記されたもので、陳炯明政治も「督軍政治」として批判している。地方軍閥が自己の分割割拠を正統化するための論法にすぎないと決めつけている。また、かつての同志であった胡適が連省自治論を支持しており、そこには胡適に対する非難も描かれている。

陳炯明と孫文の対立

孫文大元帥（大総統）は、陳炯明省長が省長の権限で連省自治を実行することに対しては、それを禁止することはできなかった。二人が衝突したのは、孫文の「北伐出師」を、陳炯明が拒否したことにある。当時の北京政府は、安直戦争（段祺瑞の安徽派軍閥と曹錕・呉佩孚の直隷派軍閥との戦争）で勝利した曹錕が支配していた。孫文は広東から曹錕政権打倒の北伐軍を組織して出兵し、曹錕政権に反対する軍閥との共同戦線を構築しようと模索していた。そのためには、広東一の屈強な陳炯明軍の出兵（出師）が不可欠であった。

ところが、連省自治による広東一省の建設に力を尽くそうとする陳炯明は、広東軍を率いて広東を離れたくなかった。だから孫文の命令を拒否した。「中国の孫文」に羽ばたこうとする孫文と、「広東の陳炯明」に留まろうとする陳炯明との対立である。いうことを聞かない陳炯明に腹を立てた孫文は、内務総長、広東省長、広東軍総司令のポストを取り上げて、陸軍総長職だけにとどめた。明らかに「陳炯明いじめ」である。

この対立構造の広州へ乗り込んだコミンテルンの使者・マーリンのコミンテルン報告では、次のように記している。

　孫中山が北伐軍を組織して以来、国民党の状態は不正常に変わった。代表大会は開かれず、孫中山の個人独裁となった。南方政府も同じで、彼は南方政府の総統であった。広州で開かれた旧国会が孫中山に独裁的権力を付与していた。こうして彼が自分で北伐を実行しようとした。党の書記［内務総長の誤りか］・陳炯明将軍は最初から北伐に反対していた。彼の認識は次のようであった。国民党は、しばらくは広東省の統治に専念すべきである。彼が孫中山が南方政府の総統に選ばれたことに反対したのは、彼の主張する地方分権にあった。彼は中央集権を中国が実行することに不同意であった。彼の主張は連省自治であった。

陳炯明の叛乱（クーデター）

北京では、ちょうどこの時に黎元洪が総統となり、旧国会の復活を決めた。これは陳炯明にとってチャンスであった。孫文の権威は、広州に集まった旧国会議員が選出した臨時の大総統職であった。しかし北京で正式の国会が召集され、広州に集まった国会議員も参加するとなれば、その旧国会議員が開いた「非常会議」の正統性がなくなるからである。

一九二二年六月十六日、陳炯明軍が広州の総統府を攻撃した。いわゆる陳炯明の叛乱であり、クーデターであった。陳炯明が掲げた大義は、次のとおりであった。

旧国会が回復した。ここに護法は終焉を告げた。広東軍将校兵士は一致して孫文の下野を要請する。

異変を察知した孫文は医師に化けて総統府を抜け出し、途中で陳炯明軍に検問されたが、身分を誤魔化して広州を流れる珠江に浮かぶ砲艦に命からがら逃げ込んだ。これによって、第二次広東軍政府が瓦解した。孫文は砲艦・永豊艦（後に中山艦と改称）に移って、珠江の河上から陳炯明軍に刃向かったが、広州奪還の希望も薄れ、五十四日間にのぼる抵抗を諦めて、上海に戻った。この時、永豊艦に駆けつけて抗戦の指揮を執ったのが蔣介石である。その功績をもって、蔣介石は孫文に忠臣として認められることとなった。

その後の国民党解釈では、「狼の野心」（李睡仙）をもった陳炯明といわれたが、陳炯明はただの野心的広東軍閥ではなく、ユニークな思想をもった魅力的な軍人であり、ただひたすら武力統一を目指す孫文の政治理念に合致しなかっただけである。

第二次広東軍政府とコミンテルン

次は、もう一つの課題であるコミンテルンとの提携をめぐるドラマである。コミンテルン側の思惑、孫文側の思惑は、時として合致し、時としてすれ違っていた。コミンテルンは中国に対して、二つの事柄を実現しなければならなかった。一つは中国共産党の創設。もう一つは、提携できる政治勢力の発掘。この二つであった。共産党創設は既述したので、ここでは、後のテーマについて論じる。

コミンテルンと孫文の提携交渉は、陳炯明軍の活躍で広州に第二次広東軍政府が誕生した後、一九二一年末から二二年初頭にかけて、コミンテルンから派遣されたマーリンが広東を訪れてからである。マーリンは、そこで孫文や陳炯明に会った。おりしも大規模な香港海員ストライキが勃発し、国民党がストライキ海員側を支援し、労働運動は著しい成果を上げた。マーリンは、広州、香港における労働者の国民党、とくに陳炯明への人気に注目した。
陳炯明が広州を奪回し、第二次広東軍政府が誕生する直前、ヴォイチンスキーは陳独秀の紹介で、上海を離れ広州に向かう直前の孫文に会っている。二時間に及ぶ話の中身は、ほとんどが辛亥革命から袁世凱批判に費やされたが、最後にロシアとの関係が少しだけ語られたという。

話が終わる時になって、孫中山はソヴィエト・ロシアの話題に入った。明らかに彼はこの問題に深い興味を抱いていた。しかし、広州反革命の広西軍閥の手から解放した中国南方の闘争と、遠方のロシアの闘争とを、どのように結合できるのか。孫中山はこぼしながらいった。「広州の地理的位置からして、ロシアと連携関係を築くことはできないのではないか」。

これは五年後にヴォイチンスキーが『プラウダ』に発表した回想である。この会談の会話が真実であれば、孫文はまだ、コミンテルンから話を持ち込まれておらず、具体的なロシアとの提携に、思いを巡らせていなかったことが分かる。

マーリンの国民党評価

コミンテルン、ソ連（一九二二年末にソヴィエト社会主義共和国連邦が成立）、ロシア共産党と中国国民党との提携（連ソ容共）、および中国国民党と中国共産党の提携（国共合作）の立役者であるマーリンが中国に派遣されたのは一九二一年六月である。マーリン（Maring）はオランダ人で、本名は Hendricus Sneevliet であって、中国語では馬林《マーリン》と表示する。上海に到着直後、中国共産党創立大会に参加している。

マーリンと共産党、陳独秀との関係は次章に論じるとして、ここではマーリンと孫文の関係、そしてコミンテルン、ソ連と国民党との関係を見ていきたい。

上海に着いたばかりのマーリンは共産党創立大会に参加しているが、上海の労働運動に失望した。その時、国民党の張継から、南方の広州に誕生した孫文・陳炯明の第二次広東軍政府の活動を聞き、南方視察旅行に旅立った。通訳として共産党の張太雷《ちょうたいらい》を伴い、一九二一年十二月から二カ月、広州など南方を訪れ、孫文や陳炯明に会い、彼の中国観に決定的な印象を与えた香港海員ストライキに遭遇したのである。

まず三回にわたる孫文とマーリンの会見。当時、北伐出師で、広西桂林に大本営を設置していた。広州は陳炯明に任せていた。孫文との会見を次のようにコミンテルンへ報告している。

私は孫中山と三度にわたり、長時間話し合った。話はロシアの承認とロシアとの提携の可能性に及んだ。彼の認識は次のとおりであった。ワシントン会議は中国を不利な局面に陥れた。しかし彼の北伐は完成していなかった。連ソは実際上、不可能である。北伐後にロシアと公に同盟を結びたい。

この段階で、孫文は党のレベルでの合作ではなく、国家間同盟を展望していたとしても、それほど熱心ではなかっただろう。だが半年後に陳炯明の叛乱で、北伐出師が実現できなくなるどころか、根拠地の広州すら失った。孫文は方針を変えて、コミンテルンの援助を求めるようになった。その資金と武器を元に陳炯明の広州を奪還し、再度の北伐出師に挑戦しようとしたのである。

コミンテルンと孫文、国民党との提携の契機となったのは、香港の海員ストライキである。このストライキに応えたのは、国民党であり、当時の広東省長であった陳炯明であった。香港の船舶会社はイギリス人経営が中心であって、中国人海員のストライキは、経済闘争であると同時に、反帝国主義の民族闘争でもあった。ストライキ海員は職場ボイコットで下船し、広州へ避難して、陳炯明を中心とする国民党の積極的支援を受けた。当時、孫文は桂林にいて、直接的には関与していない。国民党の関与で、海員ストライキは勝利した。喜びで行進した海員は、口々に「国民党万歳」「陳炯明万歳」を叫んだという。マーリンは廖仲愷への手紙で、素直に述べている。

海員ストライキ事件と、それに対する国民党の支持は、当時の私の見方に対し、大きな影響をもたらしました。

オランダの新聞に送った一九二二年五月の原稿では、ストライキの姿が詳しく述べられている。

この華南の海員ストライキは、疑いもなく早期中国労働運動のもっとも重要な事件である。［……］一月十二日にストライキが爆発し、［……］一月二十四日の調査ではストライキ海員は一万人を超えた。大部分は広州に移って、国民党が彼らのために宿舎と食料を提供した。［……］この事件は疑いもなく国民党の発展に影響を与えている。最近の数カ月、南方の多くの軍人が国民党に加入したし、今もってとどまるところを知らない。その他の分子についても影響はすこぶる大きい。国民党はまさにこの方法を採用することで、兵士と労働者の党に発展することを考慮しはじめている。

コミンテルンへの報告

陳炯明の叛乱後の七月、マーリンはコミンテルンへの報告で、国民党との提携を示唆している。国民党が「兵士と労働者の党」に変わろうとしているとは、明らかに誤った国民党像であったが、マーリンの国民党像は、コミンテルンの提携先が孫文・国民党であることを強調することとなった。

国民党は、知識分子、華僑、南軍の兵士、労働者からなる政党であるという。そのなかで、特に労働者の役割を高く評価した。労働者の組織化は国民党が担い、共産党の広東組織は、まったく海員ストライキと連携が取れていなかったと皮肉っている。

今年一月の海員ストライキの期間中、労働者が国民党と連携している状況をしっかりと見定めた。この政治組織の指導者は、ストライキ全過程を指揮した。ストライキ海員はこの党の民族、民主主義のデモに参加した。資金も国民党から援助を受けた。広州の共産主義小組はストライキ海員とまったく関係をもち得ていない。何のストライキ海員への支持行為もとっていない。その党は秘密工作を続けるだけであった。国民党とストライキ参加者との連携は非常に密接で、広州、香港、汕頭《スワトウ》では約一万二千名の海員が国民党に加入した。

このマーリン報告を受けて、コミンテルンは孫文、国民党との提携指令を出した。一九二二年八月の「駐中国南方代表にあてたコミンテルン執行委員会の指令」である。

コミンテルン執行委員会は国民党を革命組織と認める。〔……〕共産党員は国民党を支持しなければならない。特に国民党内においてプロレタリア分子と手工業労働者を代表する一翼とならなければならない。

そして翌年一月にコミンテルンは「国民党に対する中国共産党の態度に関する決議」で、その理由を次のように説明している。労働運動未成熟論、共産党弱体論である。

国内の自立的な労働運動がまだ弱く、労働者階級が民族革命の問題に関心をもちながらも、完全に独立の社会勢力としてまだ十分に分化していない限り、国民党と若い中国共産党との行動の調整が必要である。

ロシアに目を向ける孫文

ここまでは、コミンテルン側から孫文・国民党との提携への経緯を見てきたが、では孫文にとってなにが「連ソ容共」策をとらせたのか。やはり決定的契機は、陳炯明の叛乱によって広州の根拠地を喪失したことで、彼のいう「北伐完成後の同盟」構想が破綻したことが関係している。

もともと孫文の人生は、外部依存体質に貫かれている。日本の革命同志、政治家、企業家、軍部指導者と連絡を取って、資金、武器、軍事顧問の提供を期待した。日本亡命時代の大きな仕事は、ほとんどがこうした世界を駆け巡ることであった。しかし結果として日本から押し付けられたのは「対華二十一カ条要求」であり、日本は依存する対象から外された。当然、日本に代わって、新しいパートナーがほしかった。そこに手を差し伸べたのが、コミンテルン、ソ連であった。すぐには飛びつかなかったが、一九二二年から二三年にかけて、孫文側でも連ソ容共政策が決断されたのである。

それはイデオロギーが先行するマルクス主義による社会主義国との提携である。新しい世界との出会いである。それまでの伝統的戦略と矛盾しないであろうか。

「反直三角軍事同盟」の推進

孫文が人生をかけた「北伐出師」といっても、弱小広東軍が大軍閥の軍事力を蹴散らせるはずはない。陳炯明軍が参加しなければ、その軍事力は大したことはない。当然、他の軍事力と連携しなければ、目的を達成できない。ここで、孫文得意の奥の手が発揮される。孫文・国民党は民族主義、民権主義を唱える革命集団であるから、「軍閥政治打倒、民主政権樹立」は政治的大義である。当時、国民党軍は形成されておらず、自前で革命戦争を遂行できなかった。

このジレンマを脱するためには、建前の「反軍閥」を棄てて、互いに対立牽制し合っている軍閥軍を利用し、軍閥Aに味方し、軍閥Bを打倒しようという奇妙な戦略へ乗り出した。窮余の一策の感じもあるが、この戦略を正当化するためには、提携する軍閥は「よい軍閥」、対立する軍閥は「悪い軍閥」と選別しなければならない。生まれたばかりの共産党は、純粋にすべての軍閥は「悪い軍閥」とみなしており、醜い軍閥ゲームに参加する孫文を嫌悪した。

具体的な孫文戦略は次のようなものであった。大軍閥の段祺瑞（安徽派）、張作霖（奉天派）と提携して、北京を牛耳る曹錕・呉佩孚（直隷派）を打倒しようという段・張・孫が提携する「反直三角軍事同盟」の実現であった。まるで、孫文自身も軍閥の仲間入りである。まさに伝統的な「以夷制夷」戦略のように、「軍閥を以て軍閥を制す」という軍閥戦争に翻弄されかねない危険な戦略であった。共産党がもっとも嫌った戦略であった。

もともと段祺瑞は袁世凱死後に北京北洋軍閥政府を支配し、独自な安福国会を開設して独裁権力を誇示した。旧約法をないがしろにした段祺瑞支配に対抗して生まれたのが広州の護法政府であった。その時代、護法政府の孫文大元帥にとって、段祺瑞は悪徳非道の軍閥であった。ところが段祺瑞の安徽派軍閥と曹錕の直隷派軍閥の「安直戦争」で直隷派軍閥が勝利すると、今度は曹錕が悪徳非道の軍閥となった。そうすると、旧悪徳非道の段祺瑞は、提携可能な「よい軍閥」に変わっていく。奉天派軍閥の張作霖も、安直戦争後は曹錕と提携して天下を共有していたが、「奉直戦争」(第一次)に敗れて、反直隷派として拠点の東北三省に戻って、再起をうかがっていた。その張作霖も「よい軍閥」となった。どう見ても、「軍閥打倒」の民主看板とは矛盾する。コロコロと評価が変わり、「反軍閥」の大義に反しており、納得がいかないのは当然である。だが軍事的修羅場を潜り抜けた孫文にとって、「変幻自在な対応が政治というものだ」ということになる。

陳炯明の活躍で第二次広東軍政府が誕生すると、まず野に下った安徽派と結んだ。一九二一年八月、安徽派の重鎮である浙江督軍・盧永祥《ろえいしょう》のもとに使者・徐紹楨《じょしょうてい》を送って協議を始めた。孫文は桂林に大本営を設置し、安徽派との共同軍事計画を進めていた。安徽派も使者として段祺瑞腹心の徐樹錚を広州に送り、孫文側近の汪精衛、廖仲愷と協議した。

次は、奉天派との提携である。一九二二年二月、張作霖の使者である李紹白《りしょうはく》が桂林に派遣され、孫文との提携を決めた。北の奉天から、南の広州から、北京を挟み撃ちにしようという寸法である。実際は広東（粤）省、奉天省、浙江省の三軍が提携する「粤奉浙三角軍事同盟」の樹立であった。軍閥と手を握るという理念もへったくれもない軍事的野合に、桂林大本営の孫文は意気軒昂であったが、こうした野合に反対する陳炯明の叛乱で、この三角軍事同盟はいったん挫折した。

「孫・ヨッフェ連合宣言」

しかし消えたわけではない。新しいパートナーである革命勢力のコミンテルン、ソ連との提携を進める一方、旧態依然とした反革命派の軍閥との提携も進めた。第三次広東軍政府が誕生すると、この「反直三角軍事同盟」は、息を吹き返した。といっても、段祺瑞、張作霖といった大軍閥に比べれば、財力、兵力ともに貧弱であった。その苦しみを救ってくれるのがコミンテルンやソ連の援助であった。

資金不足、兵力不足の孫文にとって、新生ロシアが援助してくれるとなれば、飛びつかざるを得ない。一九二三年一月、有名な「孫・ヨッフェ連合宣言」が発せられた。マーリンはコミンテルン派遣で、共産党工作を担当、ヨッフェはソ連派遣で国民党工作を担当することとなった。正式な国民党とコミンテルン、ソ連との連合宣言である。

孫逸仙博士は共産主義的秩序、あるいはソヴィエト制度さえも、実際に中国へ導入することはできないと考える。なぜなら、ここには共産主義であれソヴィエト主義であれ、その確立に成功しうる条件が存在しないからである。この見解はヨッフェ氏も完全に共有するもので、さらに中国のもっとも重要かつ緊急の問題は、国家的統一の実現と国家的独立の達成だと、同氏は考える。

この時、すでにコミンテルンは中国に陳独秀が指導する中国共産党を設立していた。共産党の目的は、自国において社会主義革命を実行することであった。少なくとも社会主義革命に向けて、奮闘努力することであった。それなのに、なぜ中国にはロシアのような社会主義革命の可能性がないことを強調したのか。それは、孫文の国家統一、国家独立に共産党を協力させると、コミンテルンが決めていたからである。そのためには、あらかじめ社会主義革命への恐怖を取り除いておきたかったからである。

帝政ロシアが中国に強制したすべての条約と搾取を、ロシアが放棄することを基本原則として、ロシア政府は中国との交渉を開始する準備があり、またその意思を有する旨を、孫逸仙博士に対して断言した。

カラハン宣言を相互が再確認し、「中国との交渉」を進めるという宣言である。どのような「交渉」なのか。それはコミンテルン、ソ連、そして中国共産党が、孫文革命に協力するということであり、具体的にはソ連からの一方的な孫文革命運動への援助であった。孫文にとって、都合のよい内容ばかりであった。

マルクス主義は押しつけない。共産党に反国民党の闘争をさせない。金銭的、軍事的援助を惜しまない。そして帝政ロシア時代の不平等条約で奪われた民族的権利は、中東鉄道を除いては、すべてお返しします。このようなものを意味していた。孫文から見れば、突然に天から降ってきた恵みであった。

客軍を集めて第三次広東軍政府を樹立

この宣言の時は、まだ孫文は上海にいて、自分の政権を保有していなかった。早く、孫文政権を広州にみたび築き上げ、ソ連からの援助を受けとりたかった。そのためには、叛乱を起こした陳炯明を広州から追い出さなければならない。そこで「客軍」といわれる広東軍ではない外部の軍隊に広州攻めを要請した。

孫文配下の広東軍（許崇智《きょすうち》）は福建省に駐屯していたが、すぐには広州へ進軍することが困難であった。そこで孫文たちが目を付けた陳炯明軍討伐の中核は、当時広西省にいた雲南軍（楊希閔《ようきびん》・張開儒《ちょうかいじゅ》）と広西軍（劉震寰《りゅうしんかん》・沈鴻英《ちんこうえい》）であった。孫文思想に共鳴した革命軍とは程遠く、金でしか動かない小規模地方軍閥であった。孫文は作戦準備費用として楊希閔に港幣四万三千元、省行券一万元を渡した。別の記録では雲南軍へ十八万元、広西軍へ三万元が支払われたという。まるで雇われ軍閥による「討陳の役」であった。

一九二二年十二月から進軍が始まった。翌年一月、陳炯明軍を破って真っ先に広州へ入ったのは雲南軍、広西軍の客軍であった。許崇智の広東軍は福建省に駐屯していたために広州入城は遅れた。こうして陳炯明は恵州に撤退し、一九二三年三月、孫文陸海軍大元帥を迎えて第三次広東軍政府が誕生した。

広州政府参加の軍隊は、数の上では許崇智の広東軍が中心であったが、さまざまな政府機関や徴税機関、そして工場、企業をいち早く軍事的に押さえた雲南軍、広西軍が財政的には豊かであった。客軍の経費は孫文政府から支給されることはなく、差し押さえた各種機関から勝手に巻き上げる外になかった。また湖南軍総司令であった譚延闓も湖南軍を率いて広州に合流したが、後から来た客軍は差し押さえる資金源がなく、資金難に苦慮した。

軍事的には第三次広東軍政府は、さまざまな軍隊の寄せ集めであって、国民党は客軍に代わる自前の国民党革命軍の創設が課題となった。それが後のソ連赤軍を真似た黄埔《こうほ》軍官学校の設立、国民党に忠誠を尽くす国民革命軍の建軍である。三度目の正直ではないが、今度の軍政府には、強力なライバルはいなかった。ある意味、ライバルは国共合作の共産党であったが、それはコミンテルンのコントロールのもとにあって、直接的に孫文に対抗はできなかった。かくして第三次広東軍政府は、実質的に孫文・国民党一党が支配する国民党政権となった。そして孫文のもとで国共合作が実現したので、いわゆる「国共合作政権」でもあった。

国民党を委員会制に改組

ロシア共産党は、レーニンのもとで一党独裁体制を築き、スターリン時代には個人独裁という弊害を生んだ。ただ、組織的には書記長独裁体制ではなく、各レベルの委員会によって民主的審査と決定がなされる手続きが組織の民主化を保証していた。

ところが、国民党と改称したが、孫文の独裁的地位は中華革命党以来の態勢が続いていた。これでは、コミンテルンお気に入りの「ブルジョア民主政党」ということにはならない。そこで孫文は「国民党改組」を断行した。秘密結社的孫文独裁体制を改め、公開的委員会制度の国民党とした。一九二二年九月、孫文は上海で国民党改進方略の起草委員を決定し、その一人に共産党の陳独秀を当てた。
そして二三年一月、上海で国民党改進大会を開き、「中国国民党総章」を決定した。党の最高機関として中央幹部会が設けられ、定期的に中央幹部会議が開催されることとなった。それまで党中央の意思決定機関がなく、孫文個人の意思に左右されていた。さらに国共合作がスタートすると、一九二三年十月には国民党改組委員に廖仲愷、汪精衛、張継、戴季陶という最高幹部に加えて共産党の李大釗が加わった。そしてそのもとで、国民党臨時中央執行委員会が改組作業を進めた。そしてソヴィエト方式の近代前衛組織を手本とした改組が実現した。その優れた点を孫文の太子である孫科《そんか》が次のように説明している。

党の主権がこれまで総理一人にあったのが改められ、党員全体に存在するようになって、民主的になったこと。また党議に一般党員の参加が可能となり、運動が公開的になり、大衆討論ができるようになったこと。

問題は、党組織が民主化されれば、投票によって党首、すなわち国民党総理が選ばれることとなる可能性が生まれたことである。極端にいえば、孫文に代わって、陳独秀が選ばれる可能性がある。実際、国共合作に反対する国民党右派は、国民党はいずれ共産党に乗っ取られると国共合作を批判したほどである。結局、国民党一全大会では孫文が国民党総理として指名され、この点に関しては、民主的ではなかった。しかし中央執行委員は選挙で選ばれることとなった。とはいえ、その実態は孫文の手によって候補者が指名され、その候補が大会での投票によって信任を得るシステムで、立候補制度ではなかった。

広州の近代的都市整備

孫文は第三次広東軍政府の大元帥であり、中国国民党の総理であった。国民党の改組を見てきたが、では軍政府の政府活動はいかがなものであったか。第二次広東軍政府まで、二度にわたって広州を支配していたが、政府の仕事は市民の生活を豊かにするという意味では目を見張るものがなかった。孫文は北伐出師で頭がいっぱいとなり、新たな都市づくりどころではなかった。彼は『建国方略』を著して、中国の実業計画を構想していた。しかし、広州では党務、軍務に専念し、政務はおろそかであった。いずれ広州を棄てて北伐に向かうのであるから、孫文にとってみれば、広州は一時の止まり木であった。第二次広東軍政府では、広東省長の陳炯明に広東の政務を任せていた。自分は桂林で軍務に専念していたのである。

第三次広東軍政府時代も基本的には同じであった。しかし、広州、広東の行政を陳炯明に一任し、軍事に専念していたことが、陳炯明の叛乱を招いたのだ。この経験を生かすためには、広州の基盤整備にも力を注ぐ必要があった。そこで広州の行政は息子の広州市長・孫科に任せていた。孫科はアメリカ留学組で、そのアメリカで学んできた都市行政の成果を広州で実現したいと意気込んでいた。孫文の権威を借りて党内に太子派を形成した。そして欧米の市政制度を真似て広州都市づくりを担った。コロンビア大学の『中華民国伝記辞典』によれば、孫科行政は次のように高く評価されている。

「市政が直面した緊急課題は、道路建設、街路拡幅、下水道施設の整備、近代的公益事業の導入であった。政治情勢の不安定さと、これらの事業に対する地権者の反感が仕事を困難にした。多くの障害にもかかわらず、孫科は古い中国式都市の広州を、華南におけるもっとも現代的なメトロポリスに変革する道を開いた」。

息子の市政に、孫文がどれだけ関与したか不明である。ただ、孫科は第二次広東軍政府時代から広州市長を歴任しており、大元帥・孫文、広東省長・陳炯明、広州市長・孫科の役割分担が確立していたのであろう。大元帥の眼は地元の広東には向かず、ソ連との提携、安徽や奉天との提携に向いていた。

孫文は、三度にわたって広州に政権を打ちたてたが、それが広東省、あるいは広州市の都市行政に著しい成果をあげたのであろうか。孫科の努力にもかかわらず、都市行政の近代化はそれほど急速には進まなかった。当時、広州を訪れたアメリカ人の旅行作家であるハリー・フランクは、『南中国周遊記』（一九二五年）で、「孫逸仙のもとにある広州」の荒廃ぶりを次のように指摘している。日本でも、翻訳本『南支遊歴記』（一九四一年）として出版されたが、広州の部分は未訳、未掲載である。政治色が濃い記述なので、割愛したのかもしれない。

私は中国のいずれの省も回り、世界の多くの国々を見てきた。最近の孫逸仙とその代理人どもが統治する広州以上に、惨めな生活をおくらざるを得ないところは知らない。私が見た広州は、世界とはいわないものの、中国では最も悪政都市である。

今や、この偉大な理想主義者であり改革者［である孫文］の統治下で、彼の了承のもと、政府悪漢どもの懐を豊かにし、地方にはびこる傭兵を養う巨額の軍費を捻出するために、いたるところに無数の賭博場、阿片窟、売春宿が、堂々と営業されていた。どんなところでも、川沿いのバンドでさえ、かつては真っ白で、今では薄汚れてしまった布地カーテンを押し開けるだけで、開帳中のファンタン（番攤）賭博を見ることができた。広州の街中だけではなく、その他どこでも、これら華南の無法軍隊が勢力を持つところでは、阿片窟、賭博場、淫売宿が、これら軍閥の手で、または軍閥の保護のもとで、おおっぴらに経営された。

アヘン、賭博、女は、中国的ギャング組織が暗躍する黒社会の三大収入源であった。国際都市・上海も同じであったからとりたてて腐敗ぶりを強調するのは、少し意地が悪い。しかし他に類を見ない近代都市建設を強調するほど、その成果が上がっていないのは明らかであった。が、さらに広州商人は次々と課せられる孫文政権の重税政策に苦しんでいたのである。旅人の眼にも、孫文が招き入れた客軍の横暴ぶりが映った。広州政府が新税を調達し、さらに客軍が別途追加徴収するなど、秩序は乱れていた。この旅人一人の観察でもって、広州の現状をすべて言い表すことはできないであろうが、かなり的を射ているような感じがする。

広州商団軍との対立

ただ孫科が手をつけた広州都市の近代化政策は、既存の伝統的な商業慣習を突き崩すものであった。一九二四年四月に広州市政庁が公布した「統一馬路業権案」は、狭い街路（馬路）を拡幅し、店舗を改修して近代的な商業都市を形成するというものであった。加えて、それを契機に、土地所有者の舗主と店舗を借りて営業している舗客との複雑な権利関係を一本化しようとした。古い権利関係を破棄する法案であった。

この改革に反対した広州総商会を中心に馬路商店数千軒が一斉に「統一馬路業権案」の取り消しを要求した。第三次広東軍政府が誕生すると、北伐のための軍資金を確保するために、商店に新たな税金を課した。だが反撥する商店はストライキで対抗して新政府に新税課税取り消しを要求し、取り消しに成功していた。この反撥エネルギーを背景に、広東全省商団が結成され、武装した商団軍が組織された。武器をドイツから購入して戦力を高めようとしたが、孫文政府によって輸入武器が没収され、対立は激化していた。一九二四年十月、商団軍はゼネストを敢行し、市内にバリケードを築いた。全面的な戦闘に突入したのである。孫文に敵対する『香港華字日報』は、この事件を「扣械潮《こうかいちょう》」（武器差し押さえ騒動）と表現した。

孫文、広州を放棄して北伐出師へ

この騒動の最中の一九二四年九月、第二次奉直戦争が勃発した。張作霖の奉天軍が曹錕の直隷軍を攻撃したのである。孫文はまさに「反直三角軍事同盟」を発動させるチャンスと見なして「北伐宣言」を発し、韶関《しょうかん》に大本営を設置して北伐出師の準備にいそしんでいた。

広州黄埔島には、ソ連の援助ですでに国民党の黄埔軍官学校が開設され、国民党軍の育成が始まっていた。その校長である蔣介石に、孫文は手紙を韶関から何度も送っている。広州は三つの「死因」に曝《さら》されているという。それは①商団軍に味方するイギリスの軍事的圧力、②陳炯明軍の反攻、③客軍の横暴、の三因である。

この三つの死因があるので、この地にはこれ以上一刻も留まることができない。それゆえ、速やかに一切を棄て去り、別に活路を求めるほうがいい。現在の活路は北伐が最善である。

この時、孫文がもっとも恐れたのはイギリス軍の干渉戦争であった。孫文は恐怖にさらされていた。

「「死因」の一つは」イギリスの圧迫である。今回のストライキの風潮が延びれば、必ず衝突するに違いない。イギリス艦が的にするのは、必ず大本営、永豊艦、黄埔軍校の三カ所である。［攻撃すればイギリス軍はそれらを］数十分で粉砕することができ、我われには彼らに抵抗する力はない。

それから一カ月後の十月九日、孫文は蔣介石に改めて黄埔軍官学校放棄を要請している。

今、広州がきわめて危険だと感じており、直ちに黄埔の一孤島を棄て去り、あらゆる銃弾並びに学生と一緒に速やかに韶関にやってきて、北伐という最後の賭けをするよう希望する。

これらの史料を見るかぎり、孫文は広州放棄に未練はなかった。三角軍事同盟の軍閥仲間と一緒に、軍閥混戦の北伐戦争を開始しようと願ったのである。孫文にとって、広州は死守する対象ではなかったのである。だが、現実が孫文の願望を砕いた。期待していた奉直戦争は、孫文が兵を動員する前に、突然に終息してしまったからだ。直隷軍だった馮《ひょう》玉祥《ぎょくしょう》が「北京クーデター」を発動して、総統職の領袖・曹錕を逮捕し、下野させたのである。あっという間に、期待に膨らんだ風船はパンと破裂して一気にしぼんだ。

孫文の忠臣・蔣介石は賢明にも、この広州放棄命令に従わなかった。

孤島を死守して、先生が一日も早く軍隊を引き揚げて支援に来るのを待つ決意を固めており、絶対に重要な根拠地を放棄して、我が党が立脚の地を永遠に失うようなことをする気はありません。

忠臣の諫言である。逆に北伐出師の準備をやめて、韶関に集めている北伐用の兵を連れて、広州へ戻ってほしいと嘆願したのである。孫文は、韶関に来いといい、蔣介石は、広州に戻ってほしいという。真逆の対応である。焦点の広州は、国民党の源流である興中会発祥の地である。その聖地に対する愛着は、広東出身の孫文より、皮肉なことに浙江出身の蔣介石の方が強かったのだろうか。

結局、十月に商団側が大規模なストライキに入ったので、孫文は軍事的弾圧を決定し、革命委員会を組織して胡漢民に指揮を任せた。十四日、孫文は雲南軍、広西軍、湖南軍など客軍に商団軍討伐を命じた。こうして戦闘がはじまり、十七日までには鎮圧し終えた。この時、多くの評論が記されて、香港の『華字日報』社がまとめた『広東扣械潮』（一九二四年冬）に収録されている。その一つである一哭《いっこく》「広州城虐殺事件」なる文章では、タイトルからして刺激的である。

この度、孫政府は虐殺を実行した。〔……〕二万余の百戦錬磨を自称する正式軍隊に敵対したのはわずか六、七千の訓練がなされていない商団である。〔……〕飛行機や戦艦を動員して市民を威嚇するとはなにごとか。

黄埔から引き揚げろという孫文の命に反して、蔣介石は逃げることなく黄埔軍官学校の学生軍を商団軍討伐に出陣させ、刃向かう商団軍を打ち破った。イギリス軍との衝突も回避し、こうして、広州の危機を乗り越えた。この結果、北伐の好機を失った孫文は、当分は広州をコミンテルンの援助で革命根拠地に育て上げなければならなくなったのである。頼りの綱は、後はもうコミンテルンしかなかった。

この商団軍の叛乱について、陳独秀は「反革命の広東商団軍」を発表し、この広東商団が広東革命政府に棲む「心腹の患」（獅子身中の虫）だと、その弾圧を求めた。北伐を口実に、広東を見棄てようとする孫文に反対した。

我われは敢えていう。革命政府の心腹の患は東江〔陳炯明軍の拠点〕にあるのではなく、広州にあるのだ！　革命政府の軍事計画は、まず最初に商団軍を解散させ、次に陳炯明を討伐することであって、そうしてやっと北伐を説得できる。

孫文のコミンテルン提携の真の狙い

コミンテルン、ソ連との提携に踏み切った最大の理由は何か。孫文死後の国民党二全大会で、汪精衛は「政治報告」で次のようにその理由を説明している。

以前、ソヴィエト・ロシアが共産主義を実行すると聞いていたが、彼［孫文］は非常に不思議に思っていた。ロシアの経済状況では共産主義への条件はまだ備わっておらず、どうして実行できようかと。この時、マーリンが訪れた。そこでやっとロシアが実行した新経済政策は、実のところ［孫文の］実業計画とほとんど同じであることを知り、彼は非常に興奮した。これが総理による連ソへの起点である。

革命後のソ連が採用した「新経済政策」（NEP）は急進的な社会主義化ではなく、『建国方略』で明らかにした孫文の実業計画と同じであったというのが連ソの起点であるという。確かに孫文の「三民主義」の一つである「民生主義」は生活向上、経済発展を目指したもので、最後は社会主義的な「資本節制」を謳い、さらには「社会主義」そのものであるといったほどである。

「連ソ、容共」は孫文思想の変化がもたらした結果であるといわれることもあるが、必ずしもそうではない。孫文が喜んでコミンテルンの誘いに飛び込んだのは、政治的軍事的な孫文革命運動にとって実利的ともいうべき利益、実益を提供してくれたからである。それは孫文の窓口となったマーリンやヨッフェに関する史料から明らかである。孫文が常に重視したのは軍事活動であったと、マーリンは強調している。

最初に「孫文と」会談した時、特別強烈な印象を持った点は次のことである。当時はすでに彼の国民党を新しい道へ向ける作業を継続するという傾向を明確に示していたものの、孫中山の基本的立場は依然として軍事行動を採用するという古い方法を堅持したままであったということである。

一九二三年五月のマーリンからヨッフェに宛てた電報によれば、孫文の支援要求は軍事支援であったことが分かる。

差し迫って必要なものはロシアからの武器援助であり、装備十万兵の支援である。鉄砲と弾薬が非常に不足している。
ウラジオストックから広州へ直接運搬することができる。

この要求に対して、ソ連が返答した内容は、孫文の軍事的願望を満たすものであった。具体的な軍事支援の内容が詳細に記されている。

中国の統一を準備し、民族独立をかちとるための費用として、我われはあなたの組織に二百万ルーブルを提供する用意がある。［……］また中国の北方ないしは西部の省に、あなたを援助するための作戦機関を設ける用意がある。遺憾ながら物質的援助の額は大変少ない。多くとも八千挺の日本歩兵銃、十五挺の機関銃、四門の大砲、二輛の装甲車だけである。あなたの同意を得られれば、我が国が援助する軍事物資と訓練員を利用し、各種軍事の内部軍校（と非野戦部隊）を設立することができる。

ソ連は孫文に対し、軍官学校の設立を含めた具体的な軍事支援を約束したのである。これは孫文がかつて日本に期待していた垂涎《すいぜん》の軍事支援を、日本に代わってソ連が実現したことを意味する。

孫文は飛び上がって喜んだことであろう。早速、感謝の返信を送っている。

五月一日付の貴国の返電は感動と希望をもたらした。第一、我われは貴国の惜しみない承諾に感謝する。第二、我われは貴国の提案の一切に同意する。第三、我われは精力を尽くしてこの提案を実施するため代表をモスクワに派遣し、詳細について相談したい。

こうしてこの年の九月、孫文は蔣介石を代表とする「孫逸仙博士視察団」をモスクワに派遣した。その成果として黄埔軍官学校（蔣介石校長）が設立されることとなった。この経緯について、陳独秀は「全党同志に告げる書」で、うまい表現で語っている。

次に中国にやってきたボロディンのカバンの中には、ソヴィエト・ロシアの国民党に対する膨大な物質的援助が詰まっていた。

こうして「カバンの中」に満足した孫文は、国共合作へと踏み切ったのである。

一九二四年一月、孫文は中国国民党第一次全国代表大会（一全大会）を広州で開催し、そこで後に「三大政策」といわれる「連ソ、容共、扶助労農」を決めた。そこには共産党員も国民党員として参加した。紆余曲折のあった「国共合作」が正式にスタートしたのである。

第八章　孫・陳提携と「国共合作」

陳独秀および若き共産党員たちの孫文アレルギー、国民党蔑視の感情は抜き去りがたいものがあって、国共合作にいたる過程だけでなく、合作後もコミンテルンとギクシャクしたなやり取りを繰り返すこととなった。分かりやすく表現すれば、コミンテルンは共産党に対して「生まれたばかりでよちよち歩きの共産党だから、国民党に守られて大きく成長しろ」と国共合作を命令し、中国共産党員は「孫文みたいな旧い革命方式に固執する野郎と手を結ぶことは、新しい革命を模索する共産党にとって恥だ」と反撥したのである。

孫文にとってみれば、同盟会時代から自らの軍門に降らなかった陳独秀が、はじめて我が軍門に降ったのであるから満足であったろう。陳独秀にとってみれば、軍事優先の孫文革命路線を変駕しようと共産党を設立し、いわば陳独秀革命路線を目指したのであるから、国共合作は屈辱そのものであった。

孫文・国民党への不信感

中国共産党は、一九二一年七月に開催された創立大会の「決議」で次のように謳った。

現存する他の政党に対しては、独立的、攻撃的政策がとられるべきである。［……］他の党派といかなる関係ももつべきではない。

これは国民党を含めて既存政党とは一線を画し、排他的な独立路線をとるという決議である。だがこの決意は「民族・植民地問題についてのテーゼ」で「民族統一戦線」を模索していたコミンテルンに覆された。一九二二年春には、広州で国民党を高く評価したマーリンが国民党との合作を共産党に提案したからである。しかし、独立独歩の道を歩もうとしていた共産党側の反応は冷たかった。共産党一全大会に参加した包恵僧の回想は次のような雰囲気を語っている。

陳独秀が［広州から］上海に戻ると、マーリンは重要な政治問題を提案した。すなわち国民党との連合である。我われの政治闘争問題を引き起こした。当時、共産党分子はみんなが現状に不満を持つ純潔天真な青年たちで、国民党を堕落・腐敗した集団だと見なしていた。孫中山を「孫大砲」と呼んでいた。もしこの問題が民主的に討論されていたら、通過は困難だっただろう。

ここでは「孫大砲」（大ぼら吹きの孫文）のあだ名を、軽蔑的に使用している。すでにウィルソン大統領を批判する文章で、陳独秀は「孫大砲」のあだ名を紹介している。日本でもそのあだ名は有名であった。孫文の死を伝える一九二五年三月の『大阪朝日新聞』では次のように孫文を語っている。

孫を斯程《かほど》まで人物にしたのは、彼が超人的な大法螺吹きであつたといふ人がある。支那では彼のことを「孫逸仙」「孫文」とはいはず、「孫大砲」といつてゐる。

一九三〇年に発表された鈴江言一《げんいち》（当初は王枢之《おうすうし》のペンネーム）『孫文伝』でも、やはり「孫大砲」が語られている。

人びとは彼を「孫大砲」と綽名《あだな》した。これは大隈重信の「大風呂敷」と同じ意味である。この綽名はともに愛嬌味を含んでをり、かつ本人達の言動そのものも愛嬌たっぷりのものであつた。

日本では、「孫大砲」という言葉に好意的愛着を示している。しかし、包恵僧の説明では、「孫大砲」は「堕落・腐敗」の象徴であった。

マーリンが国共合作を提案した直後の一九二二年四月、陳独秀はヴォイチンスキーに手紙を送って、早くも国民党への加入に反対している。

中国共産党と社会主義青年団はともに国民党に加入すべきというマーリンの提案に、私たちは反対だ。その理由は次のとおりである。

(一) 共産党と国民党では、革命の宗旨と拠って立つ基礎が同じでない。

(二) 国民党はアメリカと連合し、張作霖、段祺瑞らと連合し、この政策と共産主義は相容れない。

(三) 国民党はいまだ党綱を発表しておらず、広東以外の各省人民は、権力と利益を争い奪う政党と見なしている。もし共産党がこの党に加入すれば、社会的信頼をすべて失い、永遠に発展の機会がなくなる。[……]

（五）国民党の孫逸仙派は新加入の分子に対し、絶対にその意見や力を受け入れない。

さらに六月、またヴォイチンスキーに次のような手紙を送っている。孫文に期待をするのは無駄だと突き放している。

我われは孫文派の国民党が自覚して改造し、我われと提携できるのを期待はしているが、しかしながらその希望はきわめてかすかであるにすぎない。

1922年、コミンテルン第４回大会に参加した陳独秀

同じ六月、共産党は党としての「時局に対する主張」を発表し、国民党の軍事偏重に嫌悪感を示した。

国民党の党内には、しばしば行動に不一致が現れ、対外的には帝国主義に近づく傾向があり、対内的には二回も北洋軍閥と手を握っている。国民党が民主革命での地位を保っていくためには、絶えず動揺するこのような政策は、しっかりと改められる必要がある。

無理やり承認させられた国共合作

だがマーリンは共産党二全大会後の一九二二年八月、杭州で共産党西湖会議を開催し、共産党幹部を集めて国共合作を無理やり認めさせた。後にコミンテルンを批判した「全党同志に告げる書」(一九二九年)で、陳独秀はその強引さを次のように語っている。

コミンテルンは代表マーリンを中国に派遣し、中共中央委員全体会議を西湖で開くよう要求し、そこで国民党の組織に加入することを提案し、[……]この党を改造して革命を推し進めるべきであると力説した。
当時の中共中央の五人の委員である李守常[李大釗]、張特立[張国燾]、蔡和森、高君宇《こうくんう》と私は、みな一致してこの提案に反対した。その主な理由は、党内連合は階級組織をごちゃ混ぜにし、我われの独自の政策を牽制するということであった。最後に、コミンテルンの代表が、中国の党はコミンテルンの決議に服従するかどうかとまでいい出した。そこで中共中央は、コミンテルンの紀律を尊重するため、ついにコミンテルンの提案を受け入れ、国民党に加入することを承認せざるを得なかったのである。

コミンテルンの権威を笠に着たマーリンに脅されて、いやいやながら合作に同意したという。否、屈伏させられたのである。中国共産党は、コミンテルンの中国支部であり、上位組織の命令は絶対的であったから、確かにその権威に刃向かうことには困難があった。「全員一致で反対した」というくだりは、別の回想もある。張国燾の回想では、李大釗は「調和的立場」をとったという。

こうして、陳独秀はあれほど長期にわたって距離をとっていた孫文の軍門に降ったのである。だが陳独秀の読み違いも多かった。陳独秀は「もし共産党がこの党に加入すれば、社会的信頼をすべて失い、永遠に発展の機会がなくなる」と強調していたが、この予測は大きくはずれた。コミンテルンが期待したように、結果的には国民党の庇護のもとで共産党は急速に勢力を伸ばし、国民党が進めた国民革命の片翼を担うまで成長したのである。同じ時期、一九二二年に誕生した日本共産党はその直後に官憲から致命的な弾圧を受けて力を失ったが、国民党の庇護によって、中国共産党は反共軍閥からの弾圧を回避することができた。

「火山」陳独秀とマーリンの喧嘩

国共合作をめぐるコミンテルンとの確執は、陳独秀とマーリンの確執でもあった。陳独秀は過度なコミンテルンからの援助、指導は共産党の独自性を損なうものだと、コミンテルンの干渉、介入を排除したかった。

包恵僧の回想は次のように当時の状況を記している。

陳独秀は感情をもっとも重んじる人だったから、我われ同志の先入観を聞いて、マーリンが中国の党を造り上げるのではないと見なしていた。ちょうど睨み合っている時のある晩、私は彼に会いに行った。彼曰く「革命は我われ自分たちの事柄である。他人の援助はもちろんよいことであるが、援助することが干渉になってはいけない。革命で他人の資金に頼ることはよくないことだ」。コミンテルンの経済援助を受けることに不同意であった。

孫文と違って、陳独秀はコミンテルンの共産党に対する資金援助すら快く思わなかった。外部資金で操られるのを嫌ったのであろう。資金だけでなく、中国共産党が外国人の手で操られることにも、耐えられないところが多かった。時には堪忍袋の緒が切れることもあった。マーリンによれば、陳独秀は短気でカッとなる「火山」だという。羅章龍《らしょうりゅう》がその一コマを回想している。

仲甫はマーリンに対してすこぶる丁重であった。しかし二人の性格はともに頑固で、議論がかみ合わなくなると、互いに相手に居丈高《いたけだか》になってしまう。仲甫がマーリンに向かってコミンテルンの経費支援を拒否した時、「国際支援がなくても革命できる!」といった。「……」マーリンは仲甫を「火山」とあだ名した。またある中央会議で仲甫とマーリンが争った。会議は進行できず、私は三全大会中央常任委員会秘書であったから、やむなくしばらくの休憩を宣言した。マーリンは気を取り直して隣室で煙草を吸っていた。陳は怒りが収まらず、「時間が来た。会議を進めるぞ」といった。マーリンが尋ねるに「火山はおさまったか?」。私が「おさまった!」というと、マーリンがいった。「革命党の頭脳は、冷静でなければならない」。この時、潤之《じゅんし》〔毛沢東〕もその場にいた。会議が終わると、潤之は提案した。以後、会議を開く時は、みんな癇癪《かんしゃく》を起こしてはいけない、と。

陳独秀が過度なコミンテルン主導を嫌がっていたことは、マーリンのコミンテルンへの報告でも記されている。共産党の会議にコミンテルン代表が参加することにすら、陳独秀は異議を挟んだのである。

> 我われとこの小さな組織［共産党のこと］とは、ずっと緊密な連絡を保持していた。イルクーツク局からの指示では、ニコルスキー（Nikolsky）は党の指導機関の会議には、すべて必ず出席しろとのことであった。中国の同志は、このようなやり方に同意しなかった。彼らはこの監督監視にとても憤慨した。こうしていざこざが発生した。

陳独秀には、中国共産党は自分がつくったもので、コミンテルンはそばで手伝いをしただけという自負が強かった。孫文への対抗心だけでなく、コミンテルンへの対抗心も同じように燃え上がっていたのであろう。

陳独秀、共産党は孫文の軍閥依存を批判しつづけた

コミンテルンが無理やり国民党への参加を押し付けたが、それでも陳独秀たちは国民党批判をやめなかった。西湖会議から一年後の一九二三年六月、国共合作が進むなか、陳独秀は、李大釗、蔡和森、譚平山、毛沢東との五人の連名で孫文に手紙を送った。「反直三

角軍事同盟」に奔走する孫文を批判したのである。

この［軍閥間］闘争は民国の発展にとって無関係である。直隷系が我が党の敵であることははっきりしている。だからといって、我われは段祺瑞や黎元洪に味方することはできない。我われは封建軍閥のように武力で政権を奪い、地盤に攻め込んで占領するというやり方を踏襲することはできない。そうすれば、我われと軍閥は一脈相通じるところがあるという印象を与えてしまうことになる。旧式の方法、旧式の軍隊を用いて新中国を建立しようというのは、ロジックとして合わないだけでなく、実際に実行不可能である。旧式軍隊の兵力は我われの兵力の十倍はある。我われは新しい手段を用いて新しい方針を採用し、新しいパワーを打ち立てなければならない。［……］人民によって建立された新しい軍隊が新しい方法と新しい友好精神を用いて民国を防衛するのだ。

さらに翌月、陳独秀は「北京政変と国民党」「北京政変と学生」を『嚮導周報』に発表して、軍閥混戦に巻き込まれる三派連合の反直軍閥戦争への参加を批判した。ある意味、孫文の軍事戦略の心臓部に楔《くさび》を打ち込むようなものであった。

直隷系、奉天系、安徽系はすべて根深い罪業をもった軍閥である。〔……〕もし三派を連合させて直隷系を討つにしても、このような軍閥間の新戦争は、人民の生命財産に損害を与え、商工業の発展を阻害するだけで、民主革命の意義は少しもない。

どちらに付くかはっきりしないままに軍閥の間を徘徊し、ついには去就も定まらず、いたずらに国民の希望と同情を失い、国民革命の機運を阻害するようになっては断じてならない。

「北京政変と学生」でも次のように主張している。

国民革命は、対内的には軍閥を打倒し、対外的には強力な隣国の侵略に反抗するという二つの意思を同時に有するものである。軍閥を利用して軍閥を打倒するとか、外国人を利用して軍閥を打倒するとか、これらはすべて破廉恥で無益なやり方である。

孫文の軍閥との提携志向は、共産主義者の眼から見れば、明らかに孫文の旧体質を露呈したものであると映ったのは当然である。孫文はコミンテルンに擦り寄るために、変わったように見せかけているが、その本質は一向に変わっていないという不満が溢れていた。陳独秀が孫文を批判しただけでなく、コミンテルン関係者にとっても、軍閥との提携は頭が痛いところであった。

コミンテルンのサファロフも次のように批判している。

孫逸仙は独立した武装勢力をもたず、最も反動的な北方軍閥である張作霖、及び段祺瑞と連盟しようと望んでいる。

コミンテルンのラディック、ヴォイチンスキーも、中国共産党三全大会に向けて、指示を出している。

我われはあらゆる手段を使って、国民党内部で孫逸仙がイギリス・アメリカ・日本の資本を山分けする軍閥たちと軍事同盟を結ぼうとすることに反対しなければならない。この種の同盟は、国民党の運動を、一つの軍閥集団のために別の一つの軍閥集団に反対するという運動へ変えることとなる。

陳独秀と共産党を絶対服従させようとする孫文

孫文の対軍閥政策を危惧するのは、陳独秀もコミンテルンも同じであった。だから陳独秀の孫文批判論文である「北京政変と国民党」は、当然至極の思いを語ったものであった。しかし陳独秀論文は共産党機関誌『嚮導周報』に発表したものであり、それを読んだ孫文は烈火のごとく怒ったのである。公開的に孫文を批判したもので、孫文は自らの権威に傷がついたと感じたのであろう。広州で国民党と協議していたマーリンは、ヨッフェへの手紙で、怒りの孫文を描写している。

孫文は中国語で廖仲愷と金銭に関する電報について話し合っていたが、突然に英語で語りはじめた。「陳独秀が彼の周報〔『嚮導周報』〕で国民党を批判することは、今後は許すことができない。もし彼の批判の裏に、国民党よりもさらによい第三党を支持しようという気持ちがあるのであれば、私は必ず彼を除名するであろう。もし私が自由に共産党員を国民党から除名できるのならば、財政援助を受け入れられなくなっても構わない」。彼はとても激昂して話した。

コミンテルンからの財政援助よりも陳独秀に対する自由な処分権を重視するというのは、言葉のあやであろうが、感情が昂ぶって、突然に英語で直接マーリンに訴えたというから、よほど陳独秀の孫文批判を腹に据えかねていたのであろう。
しかし、軍事援助で頼みの綱とするコミンテルンを後ろ盾とする陳独秀を、孫文は切り捨てることはできなかった。それが孫文の弱みであった。しかし孫文もしたたかである。コミンテルンや陳独秀に批判されながらも、張作霖、段祺瑞との三角軍事同盟政策は決して放棄しなかった。国民党一全大会後の一九二四年二月、当時の政治顧問であったボロディンは、次のように本音を語っている。

［孫文は］我われを完全には信用していない。

孫文が容認したのは「党内合作」

孫文は国民党と共産党の対等な党と党の連合＝党外合作は認めなかった。共産党員が国民党に加盟し、孫文の命令に服従する党内合作だけを認めたのである。孫文は共産党員に自らの権威を見せつけたかったのであろう。陳独秀によれば、党内合作をいい出したのは孫文であるという。

〔ダーリンが〕国民党に民主革命派の連合戦線政策を提案した。国民党の総理孫中山は激しい言葉でこれを拒否した。彼は中国共産党と青年団員が国民党に加入し、国民党に服従することを許しただけで、党外連合は認めなかった。

こうして共産党員が党籍を保有したまま国民党に入党するというきわめて特殊な形態で国共合作が成立した。「党内合作」、「二重党籍」、「跨党《ことう》」といわれたものである。陳独秀は、国共合作に反対しただけでなく、国共合作が成立した後も、せめて党内合作を改めて党外合作にするように求めた。無条件、無制限に国民党を支持する党内合作では、孫文の権威に服従して共産党の主体性が損なわれると危機感を募らせたからである。陳独秀は一九二四年に入って共産党員も参加した国民党一全大会以後でも、ヴォイチンスキーにたびたび書簡を送り、国共合作の見直しを要求している。国民党による共産党への締め付けが強くなっているという。

国民党への支持について、以前のような形式は不可能である。選択的な行動をとらざるを得ない。如何なる条件や制限なく国民党を支持することはやるべきではない。

孫中山たちの態度は、口だけでは中立を保っている。彼らは我われの同志と諍《いさか》いをして右派や反動派という罪を背負いたくないからだ。しかし事実上、彼らは反動派を利用して、反動派の圧力と反共宣伝で我われを制圧しようとしている。目的は中国共産党を国民党の指導下に置くことである。（九月七日）

だが、それを孫文が拒否する限り、党外合作など提携形態の変更は不可能であった。

「三民主義」講話は個人の自由を批判

国共合作が成立すると、コミンテルン、ソ連、中国共産党の支援で生まれ変わった国民党をアピールするため、一九二四年一月に広州で国民党第一次全国代表大会が開催された。共産党員も参加した。そこで出された「大会宣言」は、従来の孫文の主張とはかなり毛色が変わっていた。それは、ソ連から派遣された政治顧問のボロディンが起草し、胡漢民、汪精衛ら幹部が審査を加えて大会に提出され、大会では李大釗ら共産党員も審議に加わったからだ。従来の主張とは異なって、ここでは明確に、中国の民族主義は反帝国主義であるといい切っている。

国内の軍閥は帝国主義と結託しており、資本家階級もそのおこぼれに与《あずか》ろうと狙っている。

これは明らかに孫文の主張ではない。それまで階級論を語ったことはなく、軍閥評価も孫文の「反直三角軍事同盟」戦略と矛盾することとなる。提携を模索する段祺瑞や張作霖は、陳独秀ら共産党が非難するように、明らかに帝国主義との結びつきが強かった。だが、このように中国の軍閥を一括して帝国主義の手先であると断定すれば、軍閥間の対立を利用して「味方の軍閥を以て敵の軍閥を打倒する」という従来の戦略を否定することとなる。だが、孫文はコミンテルン、ソ連の軍事的支援を得るためには、コミンテルンや共産党が喜ぶ「反帝国主義、反軍閥」の表看板を掲げることに躊躇はなかった。それで終わる孫文ではなかった。孫文は自己の本音を語る機会を、別に持ったのである。それが、同年一月から八月にかけて十六回に分けて語られた講演会であり、その記録が「三民主義」講話である。孫文は清朝末期の反清闘争において、早くから「四綱」を整理した民族主義、民権主義、民生主義の「三民主義」が、孫文思想の根幹であると語ってきた。その三民主義思想に沿って闘ってきた自己の半生をからませながら、改めて孫文思想と革命目的を披露したものである。

三つの主義に分けて語られているが、ここでは陳独秀との比較で、「民権主義」における人権問題、自由に絞ってみたい。一言でいえば、孫文の民権論は「民の権利」を軽視し、「国家の権利」を最重視した国権主義であった。その根底にあるのは、民を政治の中心に据えることを嫌悪した「愚民」論であった。陳独秀が「新文化運動」で謳いあげた「個性の解放」、人権の尊重に基づくデモクラシー社会の実現とは、まったく正反対であった。

孫文の「愚民」観については、すでに第五章で論述したが、孫文はこの講話で、愚民である民に自由の権利を与えると「放蕩不羈《ほうとうふき》」（勝手気まま）になってしまうという。だから個人に自由を与えてはならぬという結論を強調した。

ヨーロッパでは、以前あまり自由がなさすぎたために、革命によって自由を争う必要があった。我われは自由が多すぎ、団体がなく、抵抗力もないために、一握りのバラバラな砂になった。一握りのバラバラな砂であるがゆえに、外国帝国主義の侵略を受け、列強の経済戦の圧迫を受け、しかも、今の我われは抵抗できないでいる。将来外国の圧迫に抵抗できるようになるには、各人の自由を打ち破って、ちょうどセメントをバラバラな砂のなかに加え、強固な石を造り上げるように、強固な団体を結成しなければならない。

いかなることがあっても、もはや［自由を］個人のうえに使ってはならぬ。国家のうえに使うべきものである。［……］国家が自由に行動できるようになれば、中国が強大な国家になれるのだ。

明らかに個人の権利を制限する国家主義の主張である。だから愚かな国民は賢明な政府に絶対的な権利、すなわち天才宰相・諸葛亮孔明のような絶大な自由裁量権を与えるべきであるという孫文の独裁肯定論が生まれるのである。次の言葉は、西欧的自由の導入を唱えてきた陳独秀への批判であろう。「学生」を陳独秀や若い共産党員と読み換えれば、そのことは明らかである。

中国人には自由は役に立たない。しかもなお学生が自由を宣伝しようとしているのは、まことに現実を知らぬものというべきである。

「善後会議」と「国民会議」

孫文が期待した奉直戦争が馮玉祥の叛乱で終結し、大総統の曹錕が辞任、下野させられた。ついでに辛亥革命後も紫禁城に住むことが許されていたラストエンペラー溥儀が追い払われた。これが「馮玉祥の北京政変」である。孫文に共鳴していた馮玉祥は国民軍を名乗って孫文との協議を求めた。こうして孫文は北京へ北上することを決め、一九二四年十一月、「北上宣言」を発した。奉直戦争に勝利して北京に入った奉天軍閥の張作霖は孫文主導を嫌って、馮玉祥に圧力を加えた。その結果、馮玉祥を孫文支持から「連張擁段」に転換させた。そして軍事的実力は喪失していながらも政治的な権威を維持していた段祺瑞を臨時執政に迎えた。臨時執政なるポストに総統府を解体して新設されたもので、総統制でもなけれ

孫文と宋慶齢、1924年、日本経由で天津に向かう船上にて

ば首相制でもない、まさしく臨時の元首ポストにすぎなかった。合法性がなく、権力の正統性があやふやな存在であった。このような軍閥ゲームの魑魅魍魎とした世界に向かうことは、建前としての軍閥打倒のスローガンとは相いれない矛盾した行為であった。

孫文は「北上宣言」では、次のように大見得を切った。

北伐の目標は軍閥を打倒するだけではなく、さらに軍閥がその生存を依存している帝国主義を打倒することなのだ。

しかし、このスローガンに説得力がないことは明らかである。招聘に応えて向かう先が打倒すべきという張作霖や段祺瑞、馮玉祥ら軍閥であるからだ。

そこで孫文が掲げたもう一つのスローガンが「国民会議」の開催要求であった。その国民会議の代表メンバーは、旧い時代の軍閥軍人や政客ではなく、新しい時代の現代的実業団体、商会、教育会、大学、各省学生連合会、労働組合、農会、曹・呉に反対する各軍、政党が掲げられた。もともと国民会議構想は陳独秀、共産党が編み出した国会に代わる国民代表審議機関構想であった。これに対し、張作霖らが開こうとしたのは「善後会議」である。官僚、政客、軍閥、御用学者による協議機関であり、北洋軍閥の内部対立を調整する機関にすぎなかった。孫文は国民会議構想を掲げることで新しさをアピールしたかったが、軍閥の伏魔殿である北京で、その構想が採用されることはなかった。国民が集まって民主的に協議するという議会的性格を持った機関構想は、そもそも孫文の「建国大綱」にはないものであった。大衆的支持を得るための宣伝スローガンにすぎなかった。本来、孫文は「愚かな国民」と協議する場を必要とはしていなかったからだ。

陳独秀は、自分が構想した国民会議要求が掲げられたものの、軍閥とひざづめ談判する孫文の北上そのものを危惧した。「孫段合作と国民党の運命」を発表し、孫文の入京は、革命党としての真価が問われる瀬戸際だという。民族と人民の利益のために闘うのか、それとも「孫・段の合作」で、帝国主義、軍閥の懐柔に屈するのか。

国民党と国民との合作は平たんな道だが、国民党と軍閥の合作は、落とし穴の多い道だ。中山先生は、どちらの道を歩もうとしているのか。「焼かれても恐れないのが純金だ！」「本物はなにものも恐れない」。

陳独秀は孫文に「官閥との合作」ではなく、「国民との合作」を訴えた。でも、このような綺麗ごとが軍閥混戦の中国に通じるのであろうか、頭をかしげるのは当然ではなかろうか。確かに、これは正論であったが、中国の政治を実際に動かしているのは軍事力であり、「国民との軍事的合作」は可能なのであろうか。

陳独秀は、反軍閥の民衆運動だけで軍閥軍を打倒することができないことは十分に理解していた。一九二三年四月に「どのようにして軍閥を打倒するのか」という主張で、「平民武装」を呼びかけている。

農村の平民は資金を出し合って大規模な郷団を組織する。都市の平民は資金を出し合って大規模な工団、商団を組織する。このように解散した兵の一部を吸収するだけでなく平民を武装することによって、はじめて武装した軍閥を打倒することができる。

ここでいう郷団、工団、商団とは「広東商団軍」のような武装軍団を意味する。ただ、ここでは「共産党軍」の創設を主張しているわけではない。

だが、このような革命軍の創設は、皮肉にも軍閥間を泳ぎ回った孫文によって実行された。コミンテルン、ソ連との提携によって、孫文は武器支援だけでなく、軍事顧問団の派遣、そして革命軍創立のための「黄埔軍官学校」の開設に漕ぎ着けたのである。軍人の蔣介石を団長とする「孫逸仙博士視察団」をモスクワに派遣し、トロツキーからソ連赤軍創設のノウハウを学んだ。そしてソ連軍事顧問団の協力で広州に「黄埔軍官学校」を設立した。これは革命軍としての国民党軍である「国民革命軍」の創設であった。陳独秀が強調したような漠然とした「平民武装」ではなく、革命イデオロギーの学習と軍事教練を組み合わせた国民革命軍の建軍であった。軍事能力、軍人規律と革命思想を兼ね備えた党軍の誕生である。これには中国共産党も全面的に協力した。軍隊を持たない共産党は、この国民革命軍のなかに浸透作戦を画策し、共産党寄りの兵士を育成した。国共分裂にともない、その一部を率いて国民党に叛乱し、毛沢東は共産党軍と呼べる「労農紅軍」を創り上げたのである。

このように、孫文は軍閥との提携だけに固執していたわけではない。陳独秀が心配していたように軍閥の懐柔に屈したわけではなかった。孫文を迎えた軍閥政治は、「善後会議」で混乱する中国情勢を安定化させようというものであった。共産党は孫文の善後会議出席に反対したが、孫文も「国民会議」の招聘を主張して、ついに善後会議には参加しなかった。珍しく、陳独秀と孫文の歩調が一致したのである。

孫文の北京での客死

一九二五年三月十二日、孫文が上京中の北京で死去した。実はこの「北上」は孫文を蝕んでいた病魔（肝臓ガン）との闘いであった。「遺囑」である「現在革命尚未成功」という言葉が、現在までも語り伝えられている。

ここでいう「革命の成功」の意味は、孫文と陳独秀とでは大きく違っていた。孫文思想の本質である「賢人政治」の成就であれば、「以党治国」を実現した国民党の天下統一（一九二八年）である。政権を党から国民に返還するはずの「憲政」の成就であると見なすのであれば、国民を排除する中国共産党一党独裁の現在もなお「革命はいまだ成功せず」である。

「個の自覚」「個人の解放」あるいは「個性の解放」を目指した陳独秀からすれば、国民党独裁はいうに及ばず、共産党支配による現在の人権抑圧は革命成就とは程遠い。依然として共産党による「以党治国」であって、理想とする「以民治国」は見えてこない。陳独秀の「遺囑」に近い「私の根本意見」（一九四〇年）で次のように信念を述べている。

民主主義とは「……」すべての公民は集会、結社、言論、出版、ストライキの自由を求めることができるものである。とくに重要なことは、反対党派の自由である。

共産党創設者でありながら、「プロレタリア独裁」を歪曲する一党独裁には自由がないと嫌悪した。孫文構想を引き継いだ蔣介石の訓政独裁を「党皇帝」（一九二七年）だと批判したように、陳独秀は最後まで「自由」にこだわっていた。孫文の死にあたって出された陳独秀及び共産党中央の弔辞では、民族主義者としての孫文の長い政治闘争を高く評価しながらも、民権論者としての孫文に一言も触れていない。「個人の自由」を否定した孫文の民権主義に、何らの価値も見出さなかったのであろう。

そして陳独秀には、孫文の後継者となった蔣介石との新たな闘争が待っていた。

後記

孫文は「大ぼら吹きの孫文（孫大砲）」と揶揄されるほど実現不可能に見える大風呂敷を広げながらも、「理想は理想、現実は現実」と割り切り、実際の政治、軍事行動はきわめて現実主義に貫かれていた。何でも包める大風呂敷らしく、掲げた理想や理念は広大であったが、それに固執することなく、「革命成就のためなら何でもやってみよう」とばかり、一党を率いる政治家に相応しく清濁併せ呑む大らかさがあった。その大らかさが孫文の魅力でもあった。だから「大ぼら吹き」に魅了された連中が孫文徒党集団に群がったのである。

他方、陳独秀は西欧啓蒙主義思想やマルクス主義の理想に燃えて、現実との安易な妥協に嫌悪感を見せつける思想家であり、理想主義者であった。ある意味で、清濁併せ呑む必要がある政治家向きではなかった。だから長く、異質の孫文との触れ合いは、その肌感覚で拒否してきた。ペンをもっての言論闘争と、生と死が背中合わせにある軍や党をもっての政治闘争とは、まったく異質の世界である。ところが中国共産党の創設者、最高指導者という現実政治の世界に足を踏み込むと、陳独秀は否が応でも政治家・孫文と交わることを余儀なくされた。それは「君子之交、淡若水」（君子の交《まじわり》は淡《あわ》きこと水の若《ごと》し。荘子）というわけにはいかなかった。

孫文の関心は、なによりも異民族支配、軍閥支配、帝国主義支配からの「国家の解放」であった。「個人の自由」を否定してまでも、「国家の自由」を目指す国家主義的な色彩を濃厚に滲ませた。

他方、陳独秀の関心は「個人の解放」にあって、人間性を抑圧する家父長的差別秩序を生み出してきた儒教倫理の呪縛から脱した近代的な個人主義の確立を目指した。階級支配がないとするマルクス主義の理想としての「自由の王国」概念は、現実感覚からすれば単なる理論上の理想にすぎないが、陳独秀の目指す「個人の自由」を満足させる理想であったろう。現実主義と理想主義、そして国家主義と個人主義の確執であった。

死後、孫文は伝説の「英雄」として語り継がれ、陳独秀は共産党への「裏切り者」として誹謗中傷を受けてきた。はたして、こうした政治的レッテルが、中華民国史の歴史認識、革命史認識を歪めていないだろうか。ほぼ同時代を生き抜いてきた二人である。現実におもねることで、結果としては革命の旗を守り抜いた稀有な孫文と、対照的な理想主義的思想家であった陳独秀とを比較、検討することで、歪められた革命史の姿に新たな視点を投げ込もうと、本書を執筆した次第である。

二人の評価を客観的に下したわけではない。中国でも、歪められた陳独秀評価を正そうと、再評価の兆しが見えてきている。本書が日本における陳独秀再評価に繫がれば幸いである。それは同時に孫文評価の再検討にも繫がる。孫文が投げかけた中国革命像は、国民党が去った中国大陸でも、共産党政権にしっかりと伝承されている。愚かな「民治」よりも賢明な「党治」こそが素晴らしいという意味での伝承だ。ただ陳独秀が求めた個人、家族、社会、国家に至る民主的理想像は、どれだけ受け入れられているのか、それには疑問符がついている。

革命家としての孫文に対する私の評価は、かなり厳しい。偉大な孫文を貶《おとし》めるものだという批判もある。現在の台湾国民党や中国共産党も同意しないであろう。だが、共産党の陳独秀評価もまた正鵠を射ているとはいえない。共産党創設者であった最大の元勲にもかかわらず、かつて陳独秀に「叛徒、漢奸、トロツキー派、右傾機会主義、右傾投降主義」のレッテルを貼った。あらぬ誹謗中傷であるが、その最大の理由は、遠くモスクワから発するスターリン指導部の誤った中国革命指導に、陳独秀が叛旗を翻したからである。

孫文死後、国民党の覇者となった蔣介石は念願の「北伐出師」（北伐戦争）に成功し、北京の軍閥政権を打倒して、全国統一を実現した。その過程で、擡頭する共産党に脅威を感じた蔣介石は「国共合作」を破棄して、共産党弾圧を開始した。「昨日の友は今日の敵」となった。陳独秀の共産党は、コミンテルンの指令のもとで合作した国民党に敗れてしまった。その敗北責任を負わされた陳独秀は、一九二七年八月に共産党総書記を解任させられた。蔣介石の反革命に断固戦うことをしなかった日和見主義者だと糾弾された。実態は、独裁化する蔣介石と戦おうにも、国民党支援のコミンテルンがそれを許さなかったのである。

その後、スターリンに異議を唱えたソ連のトロツキーに共鳴した陳独秀は、スターリン指導のもとにおける過去の誤りを認めて、スターリン主義とそこから脱しえない後継の共産党中央に対する批判を開始した。その結果、一九二九年十一月、陳独秀は党籍を剝奪され、自らが建党した共産党から追放された。世界的にもコミンテルン、スターリンはトロツキー派への容赦ない弾圧を開始したが、中国でも同じであった。こうして、除名された陳独秀に「共産党への裏切り者」という罵声が投げかけられ、共産党史では前述のレッテルが貼られた。毛沢東も共鳴した「新文化運動」時代の陳独秀ですら、歴史教科書から抹殺されていた。

鄧小平のもとで歴史を見直す「実事求是」の方針が現れ、コミンテルンの中国関係資料が公開されるようになるにつれ、スターリン指導部の誤りと陳独秀の苦悩が明らかとなってきた。陳独秀の名誉回復が進み、「悪玉」陳独秀のレッテルは次々と剝がされた。それでも「右傾機会主義」(右翼日和見主義)のレッテルだけは残されたままである。

陳独秀については、平凡社東洋文庫から『陳独秀文集』全三巻が刊行されはじめた。陳独秀の思想論、政治論、文学論が、日本語で読めることとなった。彼の西欧啓蒙思想は日本留学で形成された側面もあり、その日本語文集が出ることを、安徽省安慶(懐寧)に眠る陳独秀も喜んでいることであろう。本書が『陳独秀文集』出版に合わせて上梓されることは光栄なことである。

『陳独秀文集』にも関わった新書編集部の保科孝夫さんにお世話になった。

二〇一六年十二月

新座の隠居宅「宏悦庵」にて

【著者】
横山宏章（よこやま ひろあき）
1944年山口県生まれ。明治学院大学法学部、県立長崎シーボルト大学国際情報学部、北九州市立大学大学院社会システム研究科の教授を歴任し、北九州市立大学名誉教授。中国政治、外交史専攻。法学博士。著書に、『孫中山の革命と政治指導』（研文出版）、『孫文と袁世凱』『素顔の孫文』（以上、岩波書店）、『陳独秀』（朝日選書）、『陳独秀の時代』（慶應義塾大学出版会）、『中華民国』（中公新書）、『中国の愚民主義』（平凡社新書）などがある。

平凡社新書８３７

孫文と陳独秀
現代中国への二つの道

発行日――2017年２月15日　初版第１刷

著者――横山宏章

発行者――下中美都

発行所――株式会社平凡社
東京都千代田区神田神保町3-29　〒101-0051
電話　東京（03）3230-6580［編集］
　　　東京（03）3230-6573［営業］
振替　00180-0-29639

印刷・製本―図書印刷株式会社

装幀――菊地信義

ISBN978-4-582-85837-2
NDC 分類番号222.07　新書判（17.2cm）　総ページ288
平凡社ホームページ　http://www.heibonsha.co.jp/

平凡社新書　好評既刊！

729 中国の愚民主義　「賢人支配」の100年　横山宏章
エリート支配の根底にあるものとは何か。中国特有の「愚民主義」の視点で検証。

746 靖国参拝の何が問題か　内田雅敏
靖国神社参拝問題の本質は、昭和の戦争を聖戦化するこの神社の歴史認識にある。

776 慰安婦問題の解決のために　アジア女性基金の経験から　和田春樹
「未完」に終わったアジア女性基金を振り返り、問題解決への道筋を示す。

783 忘れられた島々「南洋群島」の現代史　井上亮
太平洋戦争時、玉砕・集団自決の舞台となった南洋群島。なぜ悲劇は生まれたか。

795 日韓外交史　対立と協力の50年　趙世暎著　姜喜代訳
日韓外交のエキスパートが振り返る、日韓基本条約締結から半世紀の足跡。

796 真珠湾の真実　歴史修正主義は何を隠したか　柴山哲也
誰が史実を歪めたか。開戦をめぐる事実の誤謬と神話化の構造にメスを入れる。

823 漱石と煎茶　小川後楽
『草枕』はなぜ、忘れられた茶事「煎茶」を描くのか？明かされる過激な漱石！

835 対米従属の謎　どうしたら自立できるか　松竹伸幸
従属の実態と原点、骨絡みになっていく経緯を繙き、自立の方向性を示唆する。